Weihnachten

LIEDER & GESCHICHTEN

SONDERAUSGABE

WEIHNACHTEN – DAS SCHÖNSTE FEST DES JAHRES

Das schönste Fest des Jahres

Wenn die ersten Nikoläuse in den Schaufenstern erscheinen, Lichterketten die immer früher hereinbrechende Nacht erhellen und Tannengrün und Kerzen das häusliche Ambiente schmücken, steht Weihnachten vor der Tür. Kaum eine andere Jahreszeit zieht die Menschen so sehr in ihren Bann und bezaubert sie wie die Weihnachtszeit. Viele teils jahrhundertealte Bräuche und Traditionen rund um das Weihnachtsfest finden wie selbstverständlich Eingang auch in unsere moderne Welt.
Während draußen noch die letzten Herbststürme toben oder bereits der erste Schnee rieselt, beginnen in der Stube die vorweihnachtlichen Aktivitäten: Es wird gebastelt, gezeichnet, gewerkt, geschmückt und dekoriert. Auch Gemütlichkeit und Beschaulichkeit werden gepflegt, zum Beispiel beim gemeinsamen Weihnachtsliedersingen und Musizieren.

Advent

Ob üppig geschmückt oder schlicht im grünen Kleid – in vielen Haushalten ist der Adventskranz fester Bestandteil der Vorweihnachtszeit. Das Entzünden der ersten Kerze signalisiert den Beginn des Advents. Der Zeitraum, welcher nach der christlichen Lehre der Vorbereitung und Erwartung der Ankunft (lat. adventus = Ankunft) Christi in der Welt entspricht. Die Adventszeit beginnt stets mit einem Sonntag. Dies ist immer der erste Sonntag nach dem 26. November, umfasst drei weitere Sonntage, an denen jeweils eine weitere der vier Kerzen angezündet wird, und endet mit dem 24. Dezember.

Adventskranz

Die vergleichsweise junge Tradition des Adventskranzes – sie ist eine deutsche Erfindung, die Mitte des 19. Jahrhunderts entstand – geht auf einen Prototypen zurück, der jedoch nicht grün war und sehr viel größer ausfiel als der heute übliche Kranz. Es handelte sich um einen mächtigen Kronleuchter mit 24 Kerzen, von denen täglich eine Kerze mehr angezündet wurde, bis an Heiligabend schließlich alle Kerzen brannten. Für den Hausgebrauch ist die sich daraus entwickelte kleinere, aus Tannengrün gebundene Variante mit nur vier Kerzen doch sehr viel praktischer. Die Sitte, weihnachtlich geschmückte Kränze an die Tür zu hängen – dann freilich ohne Kerzen –, entstammt dem angloamerikanischen Bereich.

Adventskalender

Jeden Tag ein buntes Fensterchen öffnen oder eine kleine Süßigkeit in Empfang nehmen – auch der Adventskalender ist für die Vorweihnachtszeit unentbehrlich. Zeigt er doch an, wie viele Tage noch vergehen müssen, bis endlich Heiligabend ist. Was ursprünglich als Zeitvertreib insbesondere für die Kinder gedacht war, findet sich heutzutage auch in zahlreichen kinderlosen Haushalten. Seit dem Erscheinen des ersten gedruckten Adventskalenders im Jahre 1903 haben sich die Motive allerdings geändert. Waren es früher christliche Darstellungen, die die Adventskalender zierten, lässt heutzutage der Anblick von verschneiten

Tannenwäldern, Rauschgoldengeln, Schlitten ziehenden Weihnachtsmännern oder auch die ein oder andere Comicfigur die Kinderherzen höher schlagen.
Eine Alternative zum Adventskalender ist der Brauch, an jedem der 24, dem Heiligen Abend vorangehenden Tage einen Strohhalm in die Krippe zu legen, die am Weihnachtsabend unter dem Christbaum Platz findet. Dadurch soll einerseits das Warten verkürzt und andererseits gewährleistet werden, dass das Christkind an Heiligabend weich in seiner improvisierten Bettstatt liegt. Ein hübscher Brauch ist auch aus Norddeutschland bekannt, der dort bereits im 19. Jahrhundert Usus war: Durch tägliches Hinzufügen von Häusern, Tieren, Bäumen etc. wurde nach und nach ein Winterdorf gestaltet, das am 24. Dezember seine Vollendung fand.

Ein Blick in die Nachbarländer

Andere Länder, andere Sitten – das gilt auch für die Adventszeit. Während in Deutschland der Adventskranz den beliebtesten Begleiter durch die Vorweihnachtszeit darstellt und die Wohnung traditionell mit Tannengrün und Kerzen geschmückt wird, darf üblicherweise in keinem britischen Haushalt der Ilex, die grüne Stechpalme mit den roten Beeren, fehlen. Aus dem Angelsächsischen kommt bekanntermaßen auch der inzwischen über die Grenzen hinaus beliebte Brauch, Mistelzweige über den Türstock aufzuhängen. Begegnen sich zwei Menschen unter den Zweigen, dürfen sie sich küssen. Die Mistel, die bereits in römischer Zeit als Symbol des Lebens angesehen wurde, gilt als Glücksbringer. Sie soll für Glück im neuen Jahr sorgen. In Skandinavien verzichtet man für gewöhnlich auf das schmückende Grün und setzt nur auf die Lichtsymbolik.

Barbarazweige

Eine besondere Bewandtnis hat es mit den Barbarazweigen. Die Sitte, am Gedenktag der Heiligen Barbara, dem 4. Dezember, Birken-, Haselnuss-, Kirsch- oder Forsythienzweige zu schneiden und zu Hause in eine Vase zu stellen, geht auf eine Anekdote zurück, die sich um die Heilige rankt: So wie die heilige Barbara während ihrer Gefangenschaft – sie wurde wegen ihres Glaubens verfolgt und fand als Märtyrerin den Tod – wundersamerweise einen verdorrten Kirschbaumzweig zum Blühen brachte, sollen auch die geschnittenen Zweige zur Blüte kommen. Wenn diese pünktlich zum Weihnachtsfest am 24. Dezember aufblühen, ist dies nicht nur ein schöner Anblick, sondern wird als gutes Zeichen für die Zukunft gedeutet.

Nikolaus

Aus der Vorweihnachtszeit nicht wegzudenken und ein Ereignis, auf das vor allem die Kinder hinfiebern – in freudiger Erwartung oder auch ein bisschen ängstlich – ist der 6. Dezember, der Nikolaustag. Einst Bischof im kleinasiatischen Myra, ist der Heilige seit der Mitte des 16. Jahrhunderts als Gabenbringer der Kinder belegt. Damals wie heute füllt der kinderfreundliche Heilige Schuhe und Strümpfe, die am Vorabend ans Fenster oder vor die Haustüre gestellt werden, über Nacht mit Süßigkeiten und kleinen Geschenken. Auch die Einkehr eines als Nikolaus verkleideten Mannes mit Bischofsmantel, Mitra, Bischofsstab und dem unvermeidlichen weißen Rauschebart, der die Kinder lobt oder tadelt, stets jedoch beschenkt, ist seit dem 16. Jahrhundert bezeugt.

Etwa seit dem 17. Jahrhundert bekam der mildtätige Heilige Verstärkung durch einen bärtigen, vermummten Begleiter. Dieser trägt viele unterschiedliche Namen. Vor allem bekannt ist er als Knecht Ruprecht, Krampus, Knecht Nikolaus, Nickel oder Pelznickel. Der Furcht einflößende Geselle hatte eine ähnliche Funktion wie der Heilige selbst: Er lobt die Kinder, tadelt sie im Fall des Falles und beschenkt sie. Während der Nikolaus die Kinder niemals straft, gebärdet sich der Begleiter des Gabenbringers bisweilen durchaus als Kinderschreck. Drohungen, unartige Kinder in seinen Sack zu stecken oder mit der Rute zu züchtigen, gehören durchaus zu seinen Praktiken. Die Bedeutung des Knecht Ruprechts änderte sich im Laufe der Jahrhunderte. Mal stand er im Vordergrund, mal trat er wieder in den Hintergrund, bisweilen wurde er sogar mit dem Heiligen gleichgesetzt. Heutzutage kommt der Nikolaus meist ohne seinen Respekt einflößenden Begleiter zu den Kindern.

Vom Nikolaus zum Weihnachtsmann

Im Zuge der Reformation und des damit einhergehenden Verbotes der Heiligenverehrung hatte der Nikolaus, zumindest theoretisch, in den protestantischen Gebieten ausgedient. Die Praxis sah jedoch anders aus. In manchen Regionen, insbesondere den Niederlanden und Flandern, hielt man entgegen der Lutherschen Anweisungen am Nikolaus fest. Mit den Protestanten ist er dann auch in die Neue Welt ausgewandert, wechselte, nicht zuletzt mithilfe der Coca-Cola Company, seine Kleidung und bringt nun als gemütlicher Weihnachtsmann mit rotem pelzbesetztem Mantel, Zipfelmütze und weißem Rauschebart an Heiligabend die Geschenke. Unterwegs ist er mit seinem von Rentieren gezogenen fliegenden Schlitten, dringt durch den Kamin in die Häuser ein und verteilt dort die Präsente. Nach dem Ersten Weltkrieg nach Europa reimportiert, etablierte sich der weit gereiste Mann auch in der Alten Welt und befindet sich seither in friedlicher Koexistenz mit seinem Vorbild.

Lichter für Lucia

Ebenfalls in die Vorweihnachtszeit, nämlich auf den 13. Dezember, fällt der Gedenktag der Heiligen Lucia, einer Märtyrerin aus dem sizilianischen Syrakus. Um ihren Glaubensgenossen Lebensmittel in die Verstecke bringen und in der Dunkelheit den Weg finden zu können, setzte sich die junge Frau einen Lichterkranz auf den Kopf und hatte auf diese Weise die Hände zum Tragen der Speisen frei. In ihrer Funktion als Trägerin des Lichts findet die Heilige vor allem in nördlichen Regionen Verehrung, wo es im Dezember nur wenige Stunden hell ist. Aus Schweden ist ein besonders hübscher Brauch bekannt: Die älteste Tochter der Familie verkleidet sich als Lucia, weckt, angetan mit einem weißen Gewand und einem Kranz mit einer Reihe brennender Kerzen auf dem Kopf, die noch schlafende Familie und bringt ihnen Gebäck. Auch Krankenhäuser, Heime, Kindergärten und Schulen können sich am 13. Dezember auf den Besuch eines als Lucia verkleideten Mädchens freuen, das den Lichterkranz auf dem Haupte trägt und Geschenke verteilt.

Auch aus Deutschland, bevorzugt aus den katholischen Gegenden, kennt man die Sitte, ein weißgewandetes Mädchen mit dem Lichterkranz die dunkle Kirche erhellen zu lassen. Im Süden Deutschlands ist ein weiterer bemerkenswerter Brauch zu Ehren der heiligen Lichtbringerin bekannt, der einem konkreten historischen Ereignis entspringt. Nach einem Hochwasser, das am 13. Dezember 1785 die Amper, einen Fluss in der Nähe von München, über die Ufer treten ließ, bauten die vom Unglück verschonten Anwohner kleine Häuschen aus Holz, die sie immer am Jahrestag, dem Lucientag, bei Einbruch der Dunkelheit auf dem Fluss schwimmen ließen, mit der Bitte, sie vor weiteren Hochwassern zu verschonen. Bis heute lebt diese Sitte fort. Die Fenster der Holzhäuschen sind mit buntem Papier bespannt, im Hausinneren ist ein Teelicht platziert, sodass die auf dem nächtlichen Fluss schwimmenden Häuschen ein besonders zauberhafter Anblick sind.

Wintersonnwende

Der 21. Dezember ist der Tag der Wintersonnwende mit der längsten Nacht und der kürzesten Tagesdauer. Dieser Tag ist auch dem heiligen Thomas gewidmet, was nicht verwundern mag, denn er ist der Apostel, welcher am längsten an der Auferstehung Jesu zweifelte und damit am längsten in der dunklen Nacht des Unglaubens verharrte. Sein Gedenktag ist mit vielerlei Brauchtum verbunden. In Süddeutschland etwa sät man Gerstenkörner in einen Topf, um am Gedeihen der Gerste das Wetter für das kommende Jahr abzulesen. Einer anderen Sitte entsprechend sollte man spätestens bis zu diesem Termin geliehene Gegenstände zurückgegeben haben. In Norddeutschland und bei den dänischen Nachbarn herrschen am Thomastag raue Sitten. Junge Burschen, angetan mit Fell und Hörnern, die Gesichter geschwärzt oder unter Strumpfmasken versteckt, treiben an diesem Tag ihr Unwesen. Glücklich kann sich preisen, wer mit einem derben Spruch davonkommt. Denn auch schlimmere Streiche sind an der Tagesordnung.

Weihnachtsmärkte

Was gibt es Schöneres, als in der Vorweihnachtszeit über einen Weihnachtsmarkt zu bummeln, das reiche Angebot an Weihnachtsschmuck, Spielzeug und Kunsthandwerk zu bestaunen und die klirrende Kälte mit einem Glühwein oder Maroni, den köstlichen Esskastanien, zu mildern. Weihnachtsmärkte haben in Deutschland eine lange Tradition. Ursprünglich nichts anderes als einer der vielen Märkte, die im Laufe des Jahres stattfanden, wurden neben Kleidung, Stoffen und Schuhen auch spezielle, für Weihnachten notwendige Dinge wie Formen und Ausstecher fürs Backen, Weihnachtsschmuck, Kerzen, Süßigkeiten und Spielsachen als Präsente für die Kinder feilgeboten. Erst nach und nach erfolgte eine zunehmende Spezialisierung auf weihnachtstypische Waren. Je nach Region umfasste das Angebot unterschiedliche Spezialitäten, die auch heute noch geschätzt und gern gekauft werden. Aachens Markt etwa ist bekannt für die Aachener Printen, Nürnberg für die Lebkuchen und Zwetschgenmännle, Dresden für seinen Stollen und die Weihnachtsmärkte im Erzgebirge für ihre feinen Holzarbeiten.

Als ältester Weihnachtsmarkt Deutschlands gilt der Dresdner Weihnachtsmarkt; er fand bereits 1434 erstmals Erwähnung. Der berühmteste, größte und auch über die Landesgrenzen hinaus bekannteste Weihnachtsmarkt Deutschlands – der Nürnberger Christkindlesmarkt – ist hingegen erst seit 1628 bezeugt.
Heutzutage wartet fast jeder Ort und jede Stadt Deutschlands mit einem Weihnachtsmarkt auf. In den großen Städten trifft man gar in jedem Stadtteil auf einen eigenen Markt. Verzaubert vom Charme der Weihnachtsmärkte gibt es inzwischen auch im Ausland Weihnachtsmärkte nach deutschem Vorbild. Und der Frankfurter Weihnachtsmarkt hat bereits Gastspiele in Birmingham, Manchester und Edinburgh hinter sich.

Heiligabend

Kein anderer Termin wird von den Kindern so sehnsuchtsvoll erwartet wie Heiligabend. Es ist dies die Nacht vom 24. zum 25. Dezember, in der nach der christlichen Lehre Jesus geboren wurde. Um seinen Geburtstag angemessen zu feiern, gibt es vielerlei Bräuche.

Christbaum
In Deutschland steht am Morgen des 24. Dezembers üblicherweise das Schmücken des Christbaums auf dem Programm. Noch keine 400 Jahre alt, hat sich der Christbaum zu einem der wichtigsten Weihnachtssymbole entwickelt. Der Brauch, die Zimmer mit immergrünen Zweigen, kleinen Eiben, Stechpalmen und Buchsbäumchen zu schmücken, ist bereits für das 15. Jahrhundert bezeugt. Der erste Christbaum nach heutigem Muster, ein kerzengeschmückter Tannenbaum, soll 1611 im Schloss der Herzogin Dorothea Sybille von Schlesien gestanden haben. Von dort aus trat er seinen Siegeszug an und war im 18. Jahrhundert bereits überaus populär. Seine Anwesenheit beschränkte sich allerdings ausschließlich auf die Paläste der Adligen und Villen der reichen Bürger. Dort prangte er in üppigem Schmuck, mit Kerzen, Äpfeln, Nüssen, Lebkuchen und Rauschgold verziert. Das normale Volk und die Bauern konnten sich jedoch ein solches Luxusbäumchen nicht leisten.

Heutzutage ist der Christbaum in nahezu jedem Haushalt anzutreffen. Ob man sich für eine Tanne, Fichte, Föhre oder ein künstliches Bäumchen entscheidet, ist letztendlich Geschmackssache, ebenso wie der Schmuck, mit dem der Baum herausgeputzt wird. Denn auch in Bezug auf Christbaumschmuck gilt: Es gibt nichts, was es nicht gibt. Und wer Ausgefallenes für seinen Baum sucht, wird sicher fündig werden. Schmuckstücke, die bereits die ersten Christbäume zierten und auch heute noch als Klassiker gelten, sind Kugeln, Lametta, Äpfel und Süßigkeiten. Christbaumkugeln sind im Übrigen nichts anderes als die Nachbildung eines Apfels, der in der Weihnachtssymbolik eine besondere Rolle spielt. Der Vorteil der meist aus Glas bestehenden Christbaumkugeln gegenüber dem Apfel ist die Haltbarkeit. Zudem zeigen die Kugeln den schönen Effekt, dass sie das Kerzenlicht mannigfach reflektieren und auf diese Weise den Baum umso heller strahlen lassen. Lametta ist hingegen die Imitation der ursprünglich echten Gold- und Silberfäden, mit denen die Reichen ihre Bäume behängten, die sich der einfache Bürger jedoch nicht leisten konnte.

Krippe
Bevor es noch den Christbaum gab, gab es bereits die Krippe, die vor allem in den katholischen Gegenden Deutschlands ihren Platz unter dem Baum findet. Ursprünglich nur eine bescheidene Liegstatt, in die das göttliche Kind gebettet wurde, entwickelte sich vor allem im Süden Deutschlands eine regelrechte Krippenkunst, die bisweilen

künstlerisch sehr wertvolle Figuren hervorbrachte. Nicht mehr nur das Christkind war unter dem Baum zu finden, sondern auch Maria und Joseph, die Engel, Hirten und Tiere.

Bescherung
Wenn das Glöckchen klingelt, ist es endlich soweit. Die Kinder dürfen ins festlich geschmückte Gabenzimmer, wo vielleicht gerade noch das Fenster hinter dem entschwundenen Christkind geschlossen wird. Nun spielt sich in allen deutschen Wohnzimmern Ähnliches ab. Es wird gesungen, die Weihnachtsgeschichte gelesen, die Kinder versuchen einen Blick auf die Geschenke unter dem Christbaum zu erhaschen, die Erwachsenen bewundern den liebevoll geschmückten Baum, der im Lichterglanz erstrahlt, und freuen sich auf ein köstliches Festmahl.
Die von den Kindern so heiß ersehnte Bescherung war ursprünglich mit dem Nikolaustag verbunden. Im Zuge der Reformation und der Abschaffung der Nikolausverehrung in den protestantischen Gegenden trat der „Heilige Christ" – das heutige Christkind – auf den Plan, der die Kinder an Heiligabend beschenkte. So kam es, dass heutzutage am Nikolaustag nur Kleinigkeiten geschenkt werden, während die eigentliche Bescherung Heiligabend vorbehalten ist.

Weihnachten in anderen Ländern

Ein Blick in andere Länder zeigt, dass es viele Übereinstimmungen, aber auch Unterschiede gibt, wie das Weihnachtsfest begangen wird.

In Italien kommt das Christkind, das Bambinello Gesu, in der Nacht vom 24. zum 25. Dezember. Wenn die Kinder am Morgen aufstehen, finden sie Geschenke vor ihren Zimmertüren

oder unter dem Christbaum. Traditionell wichtiger als der Christbaum ist in Italien die Krippe. Auf diese wird meist mehr Mühe verwandt als auf einen prunkvoll geschmückten Baum.
Während es in Frankreich am 24. Dezember wenig besinnlich zugeht, wird es am 25. Dezember umso festlicher. Dann werden die traditionelle „Foie Gras", die Gänsestopfleber, und der „Bûche de Noël", der französische Weihnachtskuchen, serviert. Geschenke für die Kinder bringt Père Noël, der französische Weihnachtsmann. Er kommt in der Nacht vom 24. zum 25. Dezember durch den Kamin und liefert seine Präsente in den bereitgestellten Schuhen ab.
Auch in England kommen die Geschenke durch den Kamin. Durch diesen zwängt sich Santa Claus in der Nacht vom 24. zum 25. Dezember. Das traditionelle Weihnachtsessen, bei dem die Briten Papphütchen tragen und Knallbonbons platzen lassen, findet dort am 25. Dezember statt. Aufgetischt werden traditionellerweise gefüllter Truthahn, Plumpudding und Eierpunsch.
In den Niederlanden hingegen ist traditionell Sinterclaas wichtiger als das Christkind. Begleitet vom „Zwarten Piet" bringt der Heilige am Vorabend des Nikolaustags seine Gaben. Heiligabend fällt in den Niederlanden deswegen

nicht aus. Man verbringt ihn beschaulich im Kreis der Familie. Auch der Weihnachtsbaum darf selbstverständlich nicht fehlen.
So vielfältig die Bevölkerung in den USA auch sein mag – Weihnachten wird in den meisten Haushalten ähnlich gefeiert. In der Nacht vom 24. zum 25. Dezember kommt Santa Claus durch den Kamin und beschenkt die Kinder. Ein Muss ist der für europäischen Geschmack oft kitschige Weihnachtsschmuck und ein Truthahn als Festschmaus.

Weihnachtslieder

Was wären der Advent und die Weihnachtszeit ohne die zahlreichen stimmungsvollen Lieder, die mal fröhlich, mal sentimental auf das Weihnachtsfest vorbereiten und weihnachtliche Atmosphäre verbreiten. Und was gibt es Schöneres als an einem vorweihnachtlichen Winternachmittag bei Glühwein und Plätzchen zu musizieren und Weihnachtslieder zu singen. Die ältesten überlieferten Weihnachtslieder stammen bereits aus dem 14. Jahrhundert und waren für die Kirche bestimmt. Die heute populären Weihnachtslieder entstanden meist im 18. und 19. Jahrhundert und eignen sich wunderbar für die weihnachtliche Hausmusik.

Das wohl berühmteste, in der ganzen Welt bekannte Weihnachtslied ist „Stille Nacht, heilige Nacht". Das stimmungsvolle Lied, aus der Feder des katholischen Pfarrers Joseph Mohr, vertont von dem als Organist tätigen Lehrer Franz Xaver Gruber, wurde in der Christmette des Jahres 1818 im österreichischen Oberndorf uraufgeführt. Man kann es noch so oft hören, und doch zieht es einen jedes Mal wieder in seinen Bann.

Nicht minder bekannt und anrührend ist das Weihnachtslied „Vom Himmel hoch da komm ich her". Hier waren zwei Berühmtheiten am Werk. Der Text stammt vom großen Reformator Martin Luther, die Melodie von Johann Sebastian Bach. Das ursprünglich als Wechselgesang zwischen einem Engel als Vorsänger und Kindern als Chor konzipierte Lied passt gut zu einer besinnlichen Weihnachtsfeier.

„Für alle Kinder dieser Welt" dichtete der Kaplan Christoph Schmid das Weihnachtslied „Ihr Kinderlein kommet". Es wurde im Jahre 1794 in der Dorfkirche des bayerischen Ortes Thannhausen an der Mindel von der Dorfjugend erstmals vorgetragen und ist bis heute vor allem ein bei den Kindern beliebtes Weihnachtslied.

Zur Zeit der napoleonischen Kriege, die viel Leid und Not über die Menschen brachten, ist das Weihnachtslied „O du fröhliche" entstanden. Es ist sozusagen als Kontrastprogramm zur damaligen Situation und als Trost für die Menschen zu verstehen.

Ein weiteres gern gesungenes Weihnachtslied ist „O Tannenbaum, o Tannenbaum". Es geht auf ein schlesisches Volkslied zurück und hatte ursprünglich nichts mit Weihnachten zu tun. Erst 1820 erhielt das Lied seinen Weihnachtsbezug.

WEIHNACHTSGESCHICHTEN UND -GEDICHTE

Das kleine Mädchen mit den Schwefelhölzchen

Es war so schrecklich kalt; es schneite, und es begann dunkler Abend zu werden; es war der letzte Abend des Jahres, Silvesterabend. In dieser Kälte und Finsternis ging auf der Straße ein armes, kleines Mädchen mit bloßem Kopf und nackten Füßen. Als sie von zu Hause wegging, hatte sie freilich Pantoffeln, ihre Mutter hatte sie zuletzt getragen, so groß waren sie; aber nun hatte die Kleine sie verloren, als sie über die Straße lief, weil zwei Wagen sie beinahe niedergestoßen hätten; der eine Pantoffel war nicht mehr zu finden, und mit dem anderen lief ein Junge fort.

Da ging nun das kleine Mädchen auf den nackten, kleinen Füßen, die rot und blau vor Kälte waren. In ihrer alten Schürze trug sie eine Menge Schwefelhölzer, und einen Bund davon hielt sie in der Hand. Niemand hatte ihr den ganzen, langen Tag über etwas abgekauft, niemand ihr einen Groschen geschenkt. Hungrig und zitternd vor Kälte ging sie und sah ganz eingeschüchtert aus, die arme Kleine.

Die Schneeflocken fielen auf ihr langes, blondes Haar, das sich in schönen Locken um den Nacken ringelte. Aus allen Fenstern glänzten die Lichter, und bis hinaus auf die Straße roch es so herrlich nach Gänsebraten; es war ja Silvesterabend. Ja, nur daran dachte sie.

In einem Winkel zwischen zwei Häusern, von denen das eine mehr vorsprang als das andere, setzte sich die Kleine hin und kauerte sich zusammen.

Ihre kleinen Hände waren beinahe starr vor Kälte. Ach, ein kleines Schwefelhölzchen könnte gut tun. Sie zog eines heraus und ritsch! Es war eine warme, helle Flamme, wie ein kleines Licht; sie hielt die Hände gewölbt darüber.

Welch wunderbares Lichtchen! Es schien dem kleinen Mädchen, als säße sie vor einem großen, eisernen Ofen mit blanken Messingkugeln und einem Messingrohr. Wie brannte das Feuer, wie wärmte es gut! Ja, was war das nun! – Die Kleine streckte die Füße aus, um auch diese zu er-

Das kleine Mädchen mit den Schwefelhölzchen

(Fortsetzung)

wärmen – da erlosch das Flämmchen. Der Ofen verschwand, und sie saß da mit dem kleinen Stück eines abgebrannten Schwefelhölzchens in der Hand.

Die Kleine zündete ein neues Hölzchen an. Da saß sie nun unter dem herrlichsten Christbaum. Das Mädchen streckte beide Hände danach aus – da erlosch das Schwefelhölzchen. Die Weihnachtslichter aber stiegen höher und höher, das waren jetzt die hellen Sterne am Himmel, und einer von ihnen fiel herunter, einen langen Feuerstreifen nach sich ziehend.

„Jetzt stirbt jemand!“, dachte das kleine Mädchen, denn die alte Großmutter, die einzige, die lieb zu ihr gewesen, nun aber tot war, hatte gesagt: Wenn ein Stern vom Himmel fällt, dann steigt eine Seele hinauf zu Gott.

Die Kleine strich wieder ein Hölzchen an der Mauer an, da leuchtete es ringsumher, und in dem Glanz stand die alte Großmutter, so klar, so schimmernd, so mild und liebevoll.

„Großmutter!“, rief die Kleine, „nimm mich mit! Ich weiß, du bist fort, wenn das Hölzchen abgebrannt ist, genauso wie der warme Ofen, der herrliche Gänse-

Das kleine Mädchen mit den Schwefelhölzchen

(Fortsetzung)

braten und der strahlende Christbaum!" Und dann strich sie schnell den ganzen Bund Schwefelhölzchen an, denn sie wollte die Großmutter recht festhalten, und die Schwefelhölzchen leuchteten mit solchem Glanz, dass es heller war als der lichte Tag.

Die Großmutter war früher nie so schön, so groß gewesen. Sie hob das kleine Mädchen auf ihren Arm, und sie flogen in Glanz und Freude hoch über die Erde, unendlich hoch und weit. Und dort war keine Kälte, kein Hunger, keine Angst und Not – sie waren bei Gott.

Im Winkel, an die Mauer gelehnt, saß in der kalten Morgenstunde das arme Mädchen mit roten Backen und einem Lächeln um den Mund – tot, erfroren am letzten Abend des alten Jahres. Rot und eisig ging die Neujahrssonne über der kleinen Toten auf, die den Bund abgebrannter Zündhölzer noch in den Händen hielt. „Sie wollte sich wärmen!", sagten die Leute.

Niemand wusste, was sie Schönes gesehen hatte, in welchem Glanz sie mit der Großmutter in das Reich Gottes eingegangen war.

(Hans Christian Andersen)

Der Bratapfel

Kinder, kommt und ratet,
was im Ofen bratet!
Hört, wie's knallt und
zischt.
Bald wird er aufgetischt,
der Zipfel, der Zapfel,
der Kipfel, der Kapfel,
der gelbrote Apfel.

Kinder, lauft schneller,
holt einen Teller,
holt eine Gabel!
Sperrt auf den Schnabel
für den Zipfel, den Zapfel,
den Kipfel, den Kapfel,
den goldbraunen Apfel!

Sie pusten und prusten,
sie gucken und schlucken,
sie schmalzen und
schmecken,
lecken und schlecken
den Zipfel, den Zapfel,
den Kipfel, den Kapfel,
den knusprigen Apfel.

(Aus Bayern)

Das Weihnachtsevangelium

Es begab sich aber zu der Zeit, dass ein Gebot vom Kaiser Augustus ausging, dass alle Welt geschätzt würde. Und diese Schätzung war die allererste und geschah zu der Zeit, da Eyrenius Landpfleger zu Syrien war. Und jedermann ging, dass er sich schätzen ließe, ein jeglicher in seine Stadt. Da machte sich auch auf Joseph aus Galiläa, aus der Stadt Nazareth, in das jüdische Land, zur Stadt Davids, die da heißt Bethlehem, darum dass er von dem Hause und Geschlecht Davids war, auf, dass er sich schätzen ließe mit Maria, seinem vertrauten Weibe. Die war schwanger, und als sie daselbst waren, kam die Zeit, dass sie gebären sollte. Und sie gebar ihren ersten Sohn und wickelte ihn in Windeln und legte ihn in eine Krippe, denn sie hatten sonst keinen Raum in der Herberge. Und es waren Hirten in derselben Gegend auf dem Felde bei den Hürden, die hüteten des Nachts ihre Herde. Und siehe, des Herrn Engel trat zu ihnen, und die Klarheit des Herrn leuchtete um sie; und sie fürchteten sich sehr.

Und der Engel sprach zu ihnen: Fürchtet euch nicht; siehe ich verkündige euch große Freude, die allem Volk widerfahren wird; denn euch ist heute der Heiland geboren, welcher ist Christus, der Herr, in der Stadt Davids. Und das habt ihr zum Zeichen: Ihr werdet finden das Kind in Windeln gewickelt und in einer Krippe liegen. Und alsobald war da bei dem Engel die Menge der himmlischen Heerscharen, die lobten Gott und sprachen: Ehre sei Gott in der Höhe, und Friede den Menschen auf Erden, und den Menschen ein Wohlgefallen! Und da die Engel von ihnen gen Himmel fuhren, sprachen die Hirten untereinander: Lasst uns nun gehen gen Bethlehem und die Geschichte sehen, die da geschehen ist, die uns der Herr kundgetan hat. Und sie kamen eilend und fanden beide, Maria und Joseph, dazu das Kind in der Krippe liegen. Da sie es aber gesehen hatten, breiteten sie das Wort aus, welches zu ihnen von diesem Kinde gesagt war. Und alle, vor die es kam, wunderten sich der Rede, die ihnen die Hirten gesagt hatten. Maria aber behielt alle diese Worte und bewegte sie in ihrem Herzen. Und die Hirten kehrten wieder um, priesen und lobten Gott um alles, was sie gehört und gesehen hatten, wie denn zu ihnen gesagt war.

(Lucas 2/1–20)

Die Flucht der Heiligen Familie

Länger fallen schon die Schatten,
durch die kühle Abendluft,
waldwärts über stille Matten
schreitet Joseph von der Kluft,
führt den Esel treu am Zügel;
linde Lüfte fächeln kaum,
's sind der Engel leise Flügel,
die das Kindlein sieht im Traum.
Und Maria schauet nieder
auf das Kind voll Lust und Leid,
singt im Herzen Wiegenlieder
in der stillen Einsamkeit.
Die Johanniswürmchen kreisen
emsig leuchtend über'n Weg,
wollen der Mutter Gottes weisen
durch die Wildnis jeden Steg.
Und durchs Gras geht süßes Schaudern,
streift es ihres Mantels Saum;
Bächlein auch lässt jetzt sein Plaudern,
und die Wälder flüstern kaum,
dass sie nicht die Flucht verraten.
Und das Kindlein hob die Hand,
da sie ihm so Liebes taten,
segnete das stille Land,
dass die Erd' mit Blumen, Bäumen
fernerhin in Ewigkeit
nächtlich muss vom Himmel träumen –
o gebenedeite Zeit!

(Joseph von Eichendorff)

Der allererste Weihnachtsbaum

Der Weihnachtsmann ging durch den Wald. Er war ärgerlich. Sein weißer Spitz, der sonst immer lustig bellend vor ihm herlief, merkte das und schlich hinter seinem Herrn mit eingezogener Rute her.

Er hatte nämlich nicht mehr die rechte Freude an seiner Tätigkeit. Es war alle Jahre dasselbe. Es war kein Schwung in der Sache. Spielzeug und Esswaren, das war auf die Dauer nichts. Die Kinder freuten sich wohl darüber, aber quieken sollten sie und jubeln und singen, so wollte er es, das taten sie aber nur selten.

Den ganzen Dezembermonat hatte der Weihnachtsmann schon darüber nachgegrübelt, was er wohl Neues erfinden könne, um einmal wieder eine rechte Weihnachtsfreude in die Kinderwelt zu bringen, eine Weihnachtsfreude, an der auch die Großen teilnehmen würden. Kostbarkeiten durften es auch nicht sein, denn er hatte soundsoviel auszugeben und mehr nicht.

So stapfte er denn auch durch den verschneiten Wald, bis er auf dem Kreuzweg war. Dort wollte er das Christkindchen treffen. Mit dem beriet er sich nämlich immer über die Verteilung der Gaben.

Schon von Weitem sah er, dass das Christkindchen da war, denn ein heller Schein war dort. Das Christkindchen hatte ein langes weißes Pelzkleidchen an und lachte über das ganze Gesicht. Denn um es herum lagen große Bündel Kleeheu und Bohnenstiegen und Espen- und Weidenzweige, und daran taten sich die hungrigen Hirsche und Rehe und Hasen gütlich. Sogar für die Sauen gab es etwas: Kastanien, Eicheln und Rüben.

Der Weihnachtsmann nahm seinen Wolkenschieber ab und bot dem Christkindchen die Tageszeit. „Na, Alterchen, wie geht's?“, fragte das Christkind. „Hast wohl schlechte Laune?“ Damit hakte es den Alten unter und ging mit ihm. Hinter ihnen trabte der kleine Spitz, aber er sah gar nicht mehr betrübt aus und hielt seinen Schwanz kühn in die Luft.

„Ja“, sagte der Weihnachtsmann, „die ganze Sache macht mir so recht keinen Spaß mehr. Liegt es am Alter oder an sonst was, ich weiß nicht. Das mit den Pfefferkuchen und den Äpfeln und Nüssen, das ist nichts mehr. Das essen sie auf, und dann ist das Fest vorbei. Man müsste etwas Neues erfinden, etwas, das nicht zum Essen und nicht zum Spielen ist, aber wobei alt und jung singt und lacht und fröhlich wird.“

Das Christkindchen nickte und machte ein nachdenkliches Gesicht; dann sagte es: „Da hast du Recht, Alter, mir ist das auch schon aufgefallen. Ich habe daran auch schon gedacht, aber das ist nicht so leicht.“ „Das ist es ja gerade“, knurrte der Weihnachtsmann, „ich bin zu alt und zu dumm dazu. Ich habe schon richtiges Kopfweh vom vielen Nachdenken, und es fällt mir doch nichts Vernünftiges ein. Wenn es so weitergeht, schläft allmählich die ganze Sache ein, und es wird ein Fest wie alle anderen, von dem die Menschen dann weiter nichts haben als Faulenzen, Essen und Trinken.“

Nachdenklich gingen beide durch den weißen Winterwald, der Weihnachtsmann mit brummigem, das Christkindchen mit nachdenklichem Gesicht. Es war so still im Wald, kein Zweig rührte sich, nur wenn die Eule sich auf einen Ast setzte, fiel ein Stück

Der allererste Weihnachtsbaum (Fortsetzung)

Schneebehang mit halblautem Ton herab. So kamen die beiden, den Spitz hinter sich, aus dem hohen Holz auf einen alten Kahlschlag, auf dem große und kleine Tannen standen. Das sah wunderschön aus. Der Mond schien hell und klar, alle Sterne leuchteten, der Schnee sah aus wie Silber, und die Tannen standen darin, schwarz und weiß, dass es eine Pracht war. Eine fünf Fuß hohe Tanne, die allein im Vordergrund stand, sah besonders reizend aus. Sie war regelmäßig gewachsen, hatte auf jedem Zweig einen Schneestreifen, an den Zweigspitzen kleine Eiszapfen, und glitzerte und flimmerte nur so im Mondenschein.

Das Christkindchen ließ den Arm des Weihnachtsmannes los, stieß den Alten an, zeigte auf die Tanne und sagte: „Ist das nicht wunderhübsch?"

„Ja", sagte der Alte, „aber was hilft mir das?" – „Gib ein paar Äpfel her", sagte das Christkindchen, „ich habe einen Gedanken." Der Weihnachtsmann machte ein dummes Gesicht, denn er konnte es sich nicht recht vorstellen, dass das Christkind bei der Kälte Appetit auf die eiskalten Äpfel hatte. Er hatte zwar noch einen guten alten Schnaps, aber den mochte er dem Christkindchen nicht anbieten.

Er machte sein Tragband ab, stellte seine riesige Kiepe in den Schnee, kramte darin herum und langte ein paar recht schöne Äpfel heraus. Dann fasste er in die Tasche, holte sein Messer heraus, wetzte es an einem Buchenstamm und reichte es dem Christkindchen.

„Sieh, wie schlau du bist", sagte das Christkindchen. „Nun schneid mal etwas Bindfaden in zwei Finger lange Stücke und mach mir kleine Pflöckchen."

Dem Alten kam das alles etwas ulkig vor, aber er sagte nichts und tat, was das Christkind ihm sagte. Als er die Bindfadenenden und die Pflöckchen fertig hatte, nahm das Christkind einen Apfel, steckte ein Pflöckchen hinein, band den Faden daran und hängte den an einen Ast.

„So", sagte es dann, „nun müssen auch an die anderen welche, und dabei kannst du helfen, aber vorsichtig, dass kein Schnee abfällt!"

Der Alte half, obgleich er nicht wusste, warum. Aber es machte ihm schließlich Spaß, und als die ganze kleine Tanne voll von rotbäckigen Äpfeln hing, da trat er fünf Schritte zurück, lachte und sagte: „Kiek, wie niedlich das aussieht! Aber was hat das alles für'n Zweck?" „Braucht denn alles gleich einen Zweck zu haben?", lachte das Christkind. „Pass auf, das wird noch schöner. Nun gib mal Nüsse her!"

Der Alte krabbelte aus seiner Kiepe Walnüsse heraus und gab sie dem Christkindchen. Das steckte in jedes ein Hölzchen, machte einen Faden daran, rieb immer eine Nuss an der goldenen Oberseite seiner Flügel, dann war die Nuss golden, und die nächste an der silbernen Unterseite seiner Flügel, dann hatte es eine silberne Nuss und hängte sie zwischen die Äpfel. „Was sagst nun, Alterchen?", fragte es dann. „Ist das nicht allerliebst?" – „Ja", sagte der, „aber ich weiß immer noch nicht ..." – „Komm schon!", lachte das Christkindchen. „Hast du Lichter?" „Lichter nicht", meinte der Weihnachtsmann, „aber 'nen Wachsstock!"

Der allererste Weihnachtsbaum (Fortsetzung)

„Das ist fein“, sagte das Christkind, nahm den Wachsstock, zerschnitt ihn und drehte erst ein Stück um den Mitteltrieb des Bäumchens und die anderen Stücke um die Zweigenden, bog sie hübsch gerade und sagte dann: „Feuerzeug hast du doch?“

„Gewiß“, sagte der Alte, holte Stein, Stahl und Schwammdose heraus, pinkte Feuer aus dem Stein, ließ den Zunder in der Schwammdose zum Glimmen kommen und steckte daran ein paar Schwefelspäne an. Die gab er dem Christkindchen. Das nahm einen hell brennenden Schwefelspan und steckte damit erst das oberste Licht an, dann das nächste davon rechts, dann das gegenüberliegende. Und rund um das Bäumchen gehend, brachte es so ein Licht nach dem andern zum Brennen.

Da stand nun das Bäumchen im Schnee; aus seinem halbverschneiten, dunklen Gezweig sahen die roten Backen der Äpfel, die Gold- und Silbernüsse blitzten und funkelten, und die gelben Wachskerzen brannten feierlich. Das Christkindchen lachte über das ganze rosige Gesicht und patschte in die Hände, der alte Weihnachtsmann sah gar nicht mehr so brummig aus, und der kleine Spitz sprang

Der allererste Weihnachtsbaum (Fortsetzung)

hin und her und bellte. Als die Lichter ein wenig heruntergebrannt waren, wehte das Christkindchen mit seinen goldsilbernen Flügeln, und da gingen die Lichter aus. Es sagte dem Weihnachtsmann, er solle das Bäumchen vorsichtig absägen. Das tat der, und dann gingen beide den Berg hinab und nahmen das bunte Bäumchen mit.

Als sie in den Ort kamen, schlief schon alles. Beim kleinsten Hause machten die beiden Halt. Das Christkindchen machte leise die Tür auf und trat ein; der Weihnachtsmann ging hinterher. In der Stube stand ein dreibeiniger Schemel mit einer durchlochten Platte. Den stellten sie auf den Tisch und steckten den Baum hinein. Der Weihnachtsmann legte dann noch allerlei schöne Dinge, Spielzeug, Kuchen, Äpfel und Nüsse unter den Baum, und dann verließen beide das Haus so leise, wie sie es betreten hatten. Als der Mann, dem das Häuschen gehörte, am andern Morgen erwachte und den bunten Baum sah, da staunte er und wusste nicht, was er dazu sagen sollte. Als er aber an dem Türpfosten, den des Christkinds Flügel gestreift hatte, Gold- und Silberflimmer hängen sah, da wusste er Bescheid. Er steckte die

Der allererste Weihnachtsbaum (Fortsetzung)

Lichter an dem Bäumchen an und weckte Frau und Kinder.

Das war eine Freude in dem kleinen Haus wie an keinem Weihnachtstag. Keines von den Kindern sah nach dem Spielzeug, nach dem Kuchen und den Äpfeln, sie sahen nur alle nach dem Lichterbaum. Sie fassten sich an den Händen, tanzten um den Baum und sangen alle Weihnachtslieder, die sie wussten, und selbst das Kleinste, das noch auf dem Arm getragen wurde, krähte, was es krähen konnte.

Als es helllichter Tag geworden war, da kamen die Freunde und Verwandten des Bergmanns, sahen sich das Bäumchen an, freuten sich darüber und gingen gleich in den Wald, um sich für ihre Kinder auch ein Weihnachtsbäumchen zu holen.

Die anderen Leute, die das sahen, machten es nach, jeder holte sich einen Tannenbaum und putzte ihn an, der eine so, der andere so, aber Lichter, Äpfel und Nüsse hängten sie alle daran.

Als es dann Abend wurde, brannte im ganzen Dorf Haus bei Haus ein Weihnachtsbaum, überall hörte man Weihnachtslieder und das Jubeln und Lachen der Kinder.

Von da aus ist der Weihnachtsbaum über ganz Deutschland gewandert und von da über die ganze Erde. Weil aber der erste Weihnachtsbaum am Morgen brannte, so wird in manchen Gegenden den Kindern morgens beschert.

(Hermann Löns)

Gebet eines kleinen Knaben an den Heiligen Christ

O lieber, heil'ger frommer Christ,
Der für uns Kinder kommen ist,
Damit wir wollen so weiß und rein
Und rechte Kinder Gottes sein,

Du Licht, vom lieben Gott gesandt
In unser dunkles Erdenland,
Du Himmelskind und Himmelsschein,
Damit wir sollen himmlisch sein:

Du lieber, heil'ger frommer Christ,
Weil heute dein Geburtstag ist,
Drum ist auf Erden weit und breit
Bei allen Kindern frohe Zeit.

O segne mich! Ich bin noch klein,
O mache mir den Busen rein!
O bade mir die Seele hell
In deinem reichen Himmelsquell!

Dass ich wie Engel Gottes sei
In Demut und in Liebe treu,
Dass ich dein bleibe für und für,
Du heil'ger Christ, das schenke mir!

(Ernst Moritz Arndt)

Der kleine Engel „Leuchtegern“

Es war einmal ein wunderschöner Porzellanladen, in dem standen schon lange vor Weihnachten viele herrliche Porzellanengelchen in allen Größen und Farben und warteten darauf, endlich gekauft zu werden, um in einem schön geschmückten Haus mit einer netten Familie das Weihnachtsfest zu feiern.

In einer etwas dunkleren Ecke im Porzellanladen stand ein kleiner, weißer Porzellanengel, der von innen mit einem Teelicht zu beleuchten war und auch er wartete und wartete, ebenso sehnsüchtig wie all die anderen Engelchen.

Dieser kleine, weiße Porzellanengel hieß „Leuchtegern“. Die anderen, älteren Engel hatten ihn so getauft, weil er das ganze Jahr, in dem sie im Keller in einer Kiste gelagert wurden, immer wieder herzzerreißend jammerte. „Ich möchte doch so gerne leuchten!“

Als der kleine Engel Leuchtegern also im hintersten Regal stand und überlegte, wie er es anstellen könnte, von jemandem gekauft zu werden, bimmelten die kleinen Glöckchen an der Eingangstür. Da er ziemlich neugierig war, beugte er sich ein bisschen vor. Eine elegant gekleidete Dame ging an ihm vorbei, beachtete ihn aber nicht. Der kleine Engel Leuchtegern lehnte sich noch weiter vor – da rutschte er plötzlich vom Glasregal und landete direkt in der Einkaufstasche der Dame! Vor Schreck, und weil es plötzlich so dunkel war, konnte der kleine Engel Leuchtegern nicht einmal mehr schreien. Er schloss fest die Augen, kauerte sich in eine Ecke und dachte hoffnungsvoll „nun komme ich doch noch in ein schönes Weihnachtszimmer bei einer netten Familie mit Kindern, die sich auf Weihnachten freut.“

Der kleine Engel Leuchtegern wartete also geduldig, bis die Dame zu Hause ihre Tasche abstellte und schlüpfte dann ganz flink heraus. Unbemerkt versteckte er sich hinter ein paar dicken Büchern auf dem Bücherregal, gerade so, dass er noch eben vorbeischauen konnte, und freute sich darauf, zu sehen, in welcher Familie er wohl gelandet wäre.

Doch was musste unser Engelchen Leuchtegern dort alles erleben? Als es nämlich Morgen wurde und überall im Haus die Lichter angingen, stellte er mit Erschrecken fest, dass es im ganzen Haus überhaupt keine Weihnachtsdekoration gab. Keine einzige Kerze war zu sehen und auch sonst kein weihnachtlicher Festtagsglanz! Nichts deutete in diesem Haus darauf hin, dass Weihnachten vor der Tür stand! Und dann die Familie, Vater, Mutter und zwei Kinder! Da wurde schon morgens gestritten, nur gemeckert und kein einziges freundliches Wort gewechselt. Jeder hastete eilig fort und keiner hatte für den anderen einen netten Abschiedsgruß übrig.

„Nein!“, dachte der kleine weiße Porzellanengel Leuchtegern enttäuscht, „hier bleibe ich nicht, hier freut sich niemand auf die Weihnachtszeit. Das halte ich nicht aus!“

Also machte er sich auf den Weg durch die große Stadt, um nach einem Haus zu suchen, dem schon von außen anzusehen war, dass sich die darin wohnende Familie auf Weihnachten freute. Lange musste der kleine Engel Leuchtegern herumlaufen. Es war bitterkalt und er kam an vielen Häusern vorbei. Hier und da konnte er durch ein erleuchtetes Fenster sehen, dass einige davon wenigstens ein bisschen weih-

Der kleine Engel „Leuchtegern“ (Fortsetzung)

nachtlich geschmückt waren. Doch plötzlich stand der kleine Engel Leuchtegern vor einem Haus, durch dessen weihnachtlich dekorierte Fenster das warme Licht vieler Kerzen flackerte. Alles deutete darauf hin, dass hier eine Familie wohnte, die sich schon erwartungsvoll auf das Weihnachtsfest freute. Bei der nächsten passenden Gelegenheit schlüpfte der kleine Engel Leuchtegern heimlich in das Haus und versteckte sich, um erst einmal abzuwarten, ob er bei dieser Familie bis Weihnachten bleiben wollte. Er verbarg sich wieder auf einem Regal – und staunte nicht schlecht: Hier standen schon mehrere Engelchen aus Glas und Porzellan – eines schöner als das andere. „Ach du liebe Zeit“, rief Leuchtegern überrascht, „was macht ihr denn alle hier?“ Da musste sich Leuchtegern viele Geschichten anhören, denn alle Engelchen hatten eine Familie gesucht, die sich so richtig auf Weihnachten freute.

„Du wirst noch verstehen“, sagte ein besonders schöner Glasengel, „warum wir alle hier bleiben. In dieser Familie redet man noch freundlich miteinander, jeder hat ein nettes Wort für den anderen, man sitzt sooft es geht zusammen bei Kerzenschein und Weihnachtsmusik. Du wirst bald sehen – hier wohnt eine Familie, die sich wirklich auf Weihnachten freut.
Wir jedenfalls bleiben hier, und wenn du Lust hast, dann kannst du ja auch hier bleiben. Wir rücken ein wenig zusammen, und wenn du Glück hast, dann entdeckt dich morgen die Hausfrau.“

Der kleine Engel „Leuchtegern“ (Fortsetzung)

Am nächsten Morgen hatte der kleine Engel Leuchtegern dann doch schreckliches Herzklopfen. Die Hausfrau wollte gerade das Regal, auf dem die Engelchen standen, abstauben, da hielt sie plötzlich inne und rief: „Oh, ich wusste gar nicht mehr, was wir für schöne Weihnachtsengelchen haben.“ Sie nahm das kleine Engelchen Leuchtegern und stellte es auf den Tisch, direkt neben ein wunderschönes Weihnachtsgesteck. Sie zündete ein Teelicht an und stellte es in das Porzellanengelchen, das sofort wunderschön zu leuchten begann.

Jeder, der vorbeiging, freute sich darüber und sagte: „Wie schön!“ und „Wie weihnachtlich!“

„Hier bleibe ich“, dachte der kleine Engel, „hier freuen sich alle auf Weihnachten.“

So hatte der kleine weiße Porzellanengel Leuchtegern endlich seine Familie gefunden und wenn er nicht aus Neugierde wieder irgendwo heruntergefallen ist, dann leuchtet er noch heute zur Weihnachtszeit.

(Helga M. Mau)

Knecht Ruprecht

Von drauß, vom Walde komm' ich her;
Ich muss euch sagen, es weihnachtet sehr!
Allüberall auf den Tannenspitzen
Sah ich goldene Lichtlein sitzen,
Und droben aus dem Himmeltor
Sah mit großen Augen das Christkind hervor.
Und wie ich so strolcht durch den finsteren Tann,
Da rief's mich mit heller Stimme an:
„Knecht Ruprecht", rief es, „alter Gesell,
Hebe die Beine und spute dich schnell!
Die Kerzen fangen zu brennen an,
Das Himmelstor ist aufgetan,
Alt und Jung sollen nun
Von der Jagd des Lebens ruhn;
Und morgen flieg' ich hinab zur Erden,
Denn es soll wieder Weihnachten werden!"
Ich sprach: „O lieber Herre Christ,
Meine Reise fast zu Ende ist;
Ich soll nur noch in die Stadt,
Wo's eitel gute Kinder hat."
– „Hast denn das Säcklein auch bei dir?"
Ich sprach: „Das Säcklein, das ist hier;
Denn Äpfel, Nuss und Mandelkern
Essen fromme Kinder gern."
– „Hast denn die Rute auch bei dir?"
Ich sprach: „Die Rute, die ist hier;
Doch für die Kinder nur, die schlechten
Die trifft sie auf den Teil, den rechten."
Christkindlein sprach. „So ist es recht;
So geh mit Gott, mein treuer Knecht!"
Von drauß, vom Walde komm' ich her;
Ich muss euch sagen, es weihnachtet sehr!
Nun sprecht, wie ich's hierinnen find'!
Sind's gute Kind, sind's schlechte Kind?

(Theodor Storm)

Der Rauschgoldengel aus Nürnberg

Der Nürnberger Rauschgoldengel ist zum Ende des Jahres 1700 entstanden. Damals lebte in Nürnberg ein Handwerksmeister namens Hauser. Dem war sein einziges Kind, eine kleine Tochter, nach einer schweren Krankheit gestorben. Ohnehin schon Witwer, lebte der Mann fortan allein in seinem Haus, und der Schmerz über den Tod seines Kindes überwältigte ihn so, dass er nicht mehr in seine Werkstatt ging, seine Freunde nicht mehr aufsuchte und erst recht jeden Zunftabend mied.

Stundenlang saß er neben dem Bett, in dem das Kind gestorben war und aus dem sie es fortgetragen hatten. Er starrte auf die Kissen, strich darüber und konnte sich nicht in den göttlichen Ratschluss finden. Er entließ seinen Gesellen, denn wozu sagte er sich, soll es noch einen Sinn haben, an Schraubstock und Hobelbank zu stehen. Am Tage, wenn die Fensterläden offen standen, schmerzte ihn das Sonnenlicht, sobald aber die Dunkelheit kam, fürchtete er sich vor der Nacht, in der ihn die Traurigkeit immer von Neuem überwältigte.

Darüber verging die Zeit. Eines Nachts, als er schließlich nach langem Grübeln in einen leichten Schlaf ge-

Der Rauschgoldengel aus Nürnberg (Fortsetzung)

funden hatte, ging plötzlich die Tür auf, und von einem hellen Schimmer umgeben, sah er eine Gestalt hereinkommen, ganz in ein goldenes Gewand gehüllt. Als der Mann genauer hinsah, bemerkte er, dass es das Nürnberger Gewand war. Außerdem sah er, dass das Wesen weder Arme noch Hände, dafür aber zwei mächtige goldene Flügel hatte. Ein Engel! Jetzt kam dieser Engel auf ihn zu, blieb an seinem Bett stehen, setzte sich dann und neigte den Kopf zu ihm herunter. Da erkannte der Mann, dass er seine verstorbene Tochter vor sich hatte. Sie lächelte und erzählte ihm, wie gut es ihr ginge und sie bat ihn, nie mehr um sie zu weinen.

Der einsame Mann versprach es, aber davon erwachte er, fuhr im Bett hoch und war allein, wie immer. Doch es kam ihm vor, als ob ein goldener Glanz in der Stube zurückgeblieben war, auch die Tür stand noch offen. Da wurde ihm das Herz leicht, und er fand keinen Schlaf mehr bis der Morgen kam, und immer sah er das Gesicht des Engels vor sich.

Als der Morgen graute, ging er in seine Werkstatt und suchte ein Klötzchen Lindenholz. Das weiche Holz der Linde verarbeitete er selten, deshalb dauerte es ein Weilchen, bis er das Richtige gefunden hatte. Aber noch während er suchte, kehrte immer mehr Lebensmut zurück. Plötzlich sah er wieder eine Aufgabe vor sich: Er wollte versuchen, das Gesicht seines verstorbenen Kindes aus dem Lindenholz zu schneiden. Er wollte es so schnitzen, wie er es in der Nacht als Engel gesehen hatte.

Die nächsten Tage schnitzte er und je deutlicher ihn aus dem Holz das Gesicht seines Kindes ansah, desto zufriedener wurde er. Doch mit dem Gesicht alleine war es nicht getan. Er beschaffte sich Rauschgold für die mächtigen Flügel, außerdem hatte der Engel einen plissierten goldenen Rock getragen, den er aus einem dünn ausgewalzten Messingblech fertigte.

In den nächsten Tagen war er so in seine Arbeit vertieft, dass er nicht hörte wie an seine Tür geklopft wurde. Es waren seine Freunde, denen es keine Ruhe mehr ließ, nachdem sie ihn tagelang nicht mehr gesehen hatten. Sie versuchten durch die Ritzen der Fensterläden zu sehen. Nur das Glänzen und Blitzen des Goldes war zu sehen. Dann riefen und klopften sie lauter und da hörte er sie und ließ sie eintreten.

Die Schönheit des Engels machte sie sprachlos. Er erzählte ihnen von seinem Traum, aber ihnen genügte es, dass er wieder ins Leben zurückgefunden hatte.

Um immer mit seinem verstorbenen Kind verbunden zu sein, fing der Mann an, mehrere Rauschgoldengel herzustellen. Zum kommenden Christkindlesmarkt hatte er so viele fertig gebracht, dass er einen Stand mietete und sie ausstellte. Wie immer, wenn es etwas Neues gibt, drängten die Käufer und rissen sich um die Rauschgoldengel. Auch waren alle bereit, ohne zu feilschen gutes Geld für die Kunstwerke zu bezahlen.

Rauschgoldengel kann man auch heute noch auf dem Nürnberger Christkindlesmarkt kaufen.

(Volkssage)

Am Weihnachtstag

*Still ist die Nacht; in seinem Zelt geborgen,
der Schriftgelehrte späht mit finstren Sorgen,
wann Judas mächtiger Tyrann erscheint;
den Vorhang lüftet er, nachstarrend lange
dem Stern, der gleitet über Äthers Wange,
wie Freudenzähre, die der Himmel weint.*

*Und fern vom Zelte über einem Stalle,
da ist's, als ob aufs niedre Dach er falle;
in tausend Radien sein Licht er gießt.
Ein Meteor, so dachte der Gelehrte,
als langsam er zu seinen Büchern kehrte.
O weißt du, wen das niedre Dach
umschließt?*

*In einer Krippe ruht ein neugeboren
und schlummernd Kindlein;
Wie im Traum verloren.
Die Mutter kniet, Weib und Jungfrau doch.
Ein ernster, schlichter Mann
rückt tief erschüttert
das Lager ihnen; seine Rechte zittert
dem Schleier nahe um den Mantel noch.*

*Und an der Türe stehn geringe Leute,
mühsel'ge Hirten, doch die ersten heute;
und in den Lüften klingt es süß und lind,
verlorne Töne von der Engel Liede:
„Dem Höchsten Ehr'
und allen Menschen Friede,
die eines guten Willens sind!"*

(Annette von Droste-Hülshoff)

Der Schneemann

„Es knackt tüchtig in mir, so herrlich kalt ist es!“, sagte der Schneemann. „Der Wind kann einem freilich Leben eintreiben. Und wie die Glühende dort glotzt!“ – Er meinte die Sonne damit, die eben untergehen wollte. „Sie soll mich nicht zum Blinzeln bringen, ich kann die Brocken schon noch festhalten.“

Er hatte nämlich statt Augen zwei große dreieckige Dachziegelbrocken, der Mund war ein Stück einer alten Harke, deshalb hatte er auch Zähne.

Er war unter den Jubelrufen der Knaben geboren, begrüßt von Schellengeläut und Peitschenknall der Schlitten.

Die Sonne ging unter, der Vollmond ging auf, rund und groß, klar und schön in der blauen Luft. „Da haben wir sie wieder von einer anderen Seite!“, sagte der Schneemann. Er glaubte, es sei die Sonne, die sich wieder zeigte. „Ich habe ihr das Glotzen abgewöhnt! Nun kann sie dort hängen und leuchten, damit ich mich selber sehen kann. Wüsste ich nur, wie man es macht, um von der Stelle zu kommen! Ich möchte mich gar zu gern bewegen! Wenn ich es könnte, würde ich nun dort unten auf dem Eise hingleiten, wie ich es die Knaben tun sah; aber ich verstehe nichts vom Laufen.“

„Weg! Weg!“, bellte der alte Kettenhund; er war etwas heiser, das war er geworden, als er Stubenhund war und unter dem Ofen lag. „Die Sonne wird dich schon laufen lehren! Das sah ich bei deinem Vorgänger auch. Weg, weg und weg sind sie alle!“

„Ich verstehe dich nicht, Kamerad!“, sagte der Schneemann, „soll die dort oben mich laufen lehren?“ Er meinte den Mond. „Ja, sie lief freilich vorhin, als ich sie fest ansah, nun schleicht sie von einer anderen Seite heran.“

„Du weißt auch gar nichts!“, sagte der Kettenhund, „aber du bist auch eben erst zusammengeklatscht worden. Was du nun siehst, heißt Mond, das, was fortging, war die Sonne, sie kommt morgen wieder, sie wird dich schon lehren, in den Wallgraben hinabzulaufen. Wir bekommen bald anderes Wetter, das spüre ich in meinem linken Hinterbein, es reißt darin. Das Wetter schlägt um!“

„Ich verstehe ihn nicht“, sagte der Schneemann, „aber ich habe das Gefühl, dass es etwas Unangenehmes ist, was er sagt. Sie, die so glotzte und sich dann davonmachte, die Sonne, wie er sie nennt, sie ist auch nicht meine Freundin, das habe ich im Gefühl!“

Der Schneemann (Fortsetzung)

„Weg! Weg!“, bellte der Kettenhund, ging dreimal um sich herum und legte sich dann in seine Hütte, um zu schlafen.

Das Wetter änderte sich wirklich. Dicker, feuchter Nebel lag gegen Morgen über der ganzen Gegend; als es Tag wurde, begann es zu wehen; der Wind war so eisig, der Frost packte ordentlich zu, aber was war das für ein Anblick, als die Sonne aufging! Bäume und Büsche waren mit Raureif bedeckt; es sah aus wie ein Wald von weißen Korallen, es war, als ob alle Zweige mit strahlend weißen Blüten übersät wären. Die unendlich vielen und feinen Verästelungen, die man im Sommer unter all den Blättern nicht sieht, kamen nun alle einzeln hervor; es war ein Spitzengewebe und so leuchtend weiß, als ströme ein weißer Glanz aus jedem Zweige. Die Hängebirke bewegte sich im Winde, es war Leben in ihr wie in allen Bäumen zur Sommerzeit; es war eine unvergleichliche Pracht! Und als dann die Sonne schien, nein, wie funkelte das Ganze, als ob es mit Diamantenstaub überpudert wäre, und auf der Schneedecke des Erdbodens glitzerten die großen Diamanten oder man konnte auch glauben, dass dort unzählige kleine Lichter brannten, weißer als der weiße Schnee.

„Das ist unvergleichlich schön!“, sagte ein junges Mädchen, das mit einem jungen Manne in den Garten trat und gerade beim Schneemann stehen blieb, wo sie die flimmernden Bäume betrachteten. „Einen schöneren Anblick hat man selbst im Sommer nicht!“, sagte sie, und ihre Augen strahlten.

„Und so einen Kerl wie diesen hat man im Sommer

Der Schneemann *(Fortsetzung)*

erst recht nicht", sagte der junge Mann und zeigte auf den Schneemann. „Er ist ausgezeichnet!"

Das junge Mädchen lachte, nickte dem Schneemann zu und tanzte mit ihrem Freunde über den Schnee dahin, der unter ihnen knirschte, als gingen sie auf Stärkemehl. „Wer waren die beiden?", fragte der Schneemann den Kettenhund, „du bist länger auf dem Hofe als ich, kennst du sie?"

„Versteht sich!", sagte der Kettenhund. „Sie hat mich ja gestreichelt, und er hat mir einen Knochen gegeben; die beiße ich nicht!" „Aber was stellen sie hier vor?", fragte der Schneemann.

„Brrr-rautleute!", sagte der Kettenhund. „Sie werden in eine Hütte ziehen und zusammen am Knochen nagen.
Weg! Weg!"

„Haben die beiden ebenso viel zu bedeuten wie du und ich?", fragte der Schneemann.

„Sie gehören zur Herrschaft!", sagte der Kettenhund, „man weiß wirklich ungemein wenig, wenn man gestern erst geboren ist; das merke ich an dir! Ich habe Alter und Kenntnisse, ich kenne alle hier im Hause! Und ich habe eine Zeit gekannt, so ich nicht hier in der Kälte und an der Kette lag. Weg! Weg!"

„Die Kälte ist herrlich", sagte der Schneemann. „Erzähle, erzähle! Aber du darfst nicht so mit der Kette rasseln, denn dabei knackt es in mir."

„Weg! Weg!", bellte der Kettenhund. „Ein Hündchen bin ich gewesen, klein und niedlich, sagten sie, damals lag ich in einem Samtstuhl drinnen im Hause, lag im Schoße der obersten Herrschaft; sie küssten mich auf die Schnauze und wischten mir die Pfoten mit einem gestickten Taschentuch ab; ich hieß „Schönster", „Pusselpusselbeinchen", aber dann wurde ich ihnen zu groß; sie schenkten mich der Haushälterin; ich kam in die Kellerwohnung! Du kannst hineinsehen von dort aus, wo du stehst; du kannst in die Kammer hinabsehen, wo ich Herrschaft gewesen bin, denn das war ich bei der Haushälterin. Es war ein geringerer Ort als oben, aber hier war es gemütlicher, ich wurde nicht von den Kindern gedrückt und herumgeschleppt wie oben. Ich bekam ebenso gutes Futter wie früher und viel mehr! Ich hatte mein eigenes Kissen, und dann war da ein Ofen, der um diese Zeit das Schönste von der Welt ist! Ich kroch ganz darunter, sodass ich verschwunden war. Ach, von dem Ofen träume ich heute noch. Weg!"

„Sieht denn ein Ofen so schön aus?", fragte der Schneemann. „Hat er Ähnlichkeit mit mir?"

„Er ist gerade das Gegenteil von dir! Kohlschwarz ist er, hat einen langen Hals mit Messingtrommel. Er frisst Brennholz, dass ihm das Feuer aus dem Munde sprüht. Man muss sich an seiner Seite halten oder unter ihm, das ist äußerst angenehm. Du musst ihn durch das Fenster sehen können von dort aus, wo du stehst."

Und der Schneemann guckte, und wirklich sah er einen schwarzen, blankpolierten Gegenstand mit Messingtrommel; das Feuer leuchtete unten heraus. Dem Schneemann wurde ganz wunderlich zumute; er hatte ein Gefühl, über das er sich selbst keine Rechen-

Der Schneemann *(Fortsetzung)*

schaft ablegen konnte; es kam etwas über ihn, das er nicht kannte, das aber alle Menschen kennen, wenn sie nicht Schneemänner sind.
„Und wann verließest du sie?“, fragte der Schneemann. Er hatte die Empfindung, dass es ein weibliches Wesen sein musste. „Wie konntest du nur so einen Ort verlassen?“

„Ich bin dazu gezwungen worden!“, sagte der Kettenhund. „Sie warfen mich hinaus und legten mich hier an die Kette. Ich hatte den jüngsten Jungen ins Bein gebissen, weil er mir den Knochen wegstieß, an dem ich nagte; Knochen um Knochen, denk' ich! Aber das nahmen sie mir übel, und von der Zeit an habe ich an der Kette gelegen und habe meine klare Stimme verloren, höre nur, wie heiser ich bin: Weg! Weg! Das war das Ende vom Liede!“

Der Schneemann hörte nicht mehr zu; er sah immerfort in die Kellerwohnung der Haushälterin, in ihre Stube hinab, wo der Ofen auf seinen vier eisernen Beinen stand und sich in derselben Größe zeigte wie der Schneemann.

„Es knackt so seltsam in mir!“, sagte er. „Soll ich niemals dort hineinkommen? Es ist doch ein unschuldiger Wunsch, und unsere unschuldigen Wünsche werden gewiss in Erfüllung gehen. Es ist mein höchster Wunsch, mein einziger Wunsch, und es wäre fast ungerecht, wenn er nicht erfüllt würde. Ich muss dort

Der Schneemann (Fortsetzung)

hinein, ich muss mich an sie lehnen, und wenn ich auch das Fenster zerschlagen sollte!"

„Dort kommst du niemals hinein", sagte der Kettenhund, „und kommst du an den Ofen, dann bist du weg, weg!"

„Ich bin schon so gut wie weg!", sagte der Schneemann, „ich breche zusammen, glaube ich."

Den ganzen Tag stand der Schneemann da und guckte zum Fenster hinein; in der Dämmerstunde wurde die Stube noch einladender; vom Ofen her

leuchtete es so mild, nicht wie der Mond und auch nicht wie die Sonne, nein, wie nur der Ofen leuchten kann, wenn er etwas in sich hat. Ging die Tür auf, so schlug die Flamme heraus, das war so seine Gewohnheit; es glühte ordentlich auf in dem weißen Gesicht des Schneemanns, es leuchtete rot über seine Brust.

„Ich halte es nicht mehr aus!", sagte er. „Wie schön es sie kleidet, die Zunge herauszustrecken!"

Die Nacht war sehr lang, aber nicht für den Schneemann, er stand da, in seine eigenen schönen Gedanken vertieft, und die froren, dass es knackte.
Am Morgen waren die Kellerfenster zugefroren, sie trugen die schönsten Eisblumen, die nur ein Schneemann verlangen konnte; aber sie verbargen den Ofen. Die Scheiben wollten nicht auftauen; er konnte „sie" nicht sehen. Es knackte, es knirschte, es war gerade so ein Frostwetter, an dem ein Schneemann seine Freude haben muss, aber er freute sich nicht; er hätte sich so glücklich fühlen können und müssen, aber er war nicht glücklich, er hatte Ofensucht.

„Das ist eine schlimme Krankheit für einen Schneemann", sagte der Kettenhund. „Ich habe auch an der Krankheit gelitten, aber ich habe sie überstanden. Weg! Weg! – Nun bekommen wir anderes Wetter!"

Und es gab anderes Wetter, es gab Tauwetter.

Das Tauwetter nahm zu, der Schneemann nahm ab. Er sagte nichts, er klagte nicht, und das ist das richtige Zeichen.

Eines Morgens brach er zusammen. Es ragte etwas wie ein Besenstiel in die Luft, dort, wo er gestanden hatte, um den Stiel herum hatten die Knaben ihn aufgebaut.

„Nun kann ich das mit seiner Sehnsucht verstehen", sagte der Kettenhund, „der Schneemann hat einen Feuerhaken im Leibe gehabt! Das ist es, was sich in ihm geregt hat, nun ist es überstanden. Weg! Weg!"

Und bald war auch der Winter überstanden.

„Weg! Weg!", bellte der Kettenhund; aber die Mädchen auf dem Hofe sangen:
„Waldmeister grün!
Hervor aus dem Haus!
Weide, die wollenen
Handschuhe aus!
Lerche und Kuckuck,
singt fröhlich drein! –
Frühling im Februar wird
es sein!
Ich singe mit Kuckuck!
Quivit!
Komm liebe Sonne,
komm oft – quivit!"
Und dann denkt niemand mehr an den Schneemann.

(Hans Christian Andersen)

Der Traum

*Ich lag und schlief; da träumte mir
ein wunderschöner Traum:
Es stand auf unserm Tisch vor mir
ein hoher Weihnachtsbaum.*

*Und bunte Lichter ohne Zahl,
die brannten ringsumher;
die Zweige waren allzumal
von goldnen Äpfeln schwer.*

*Und Zuckerpuppen hingen dran;
das war mal ein Pracht!
Da gab's, was ich nur wünschen kann
und was mir Freude macht.*

*Und als ich nach dem Baume sah
und ganz verwundert stand,
nach einem Apfel griff ich da,
und alles, alles schwand.*

*Da wacht' ich auf aus meinem Traum,
und dunkel war's um mich.
Du lieber, schöner Weihnachtsbaum,
sag an, wo find' ich dich?*

*Da war es just, als rief er mir:
„Du darfst nur artig sein;
dann steh ich wiederum vor dir;
jetzt aber schlaf nur ein!*

*Und wenn du folgst und artig bist,
dann ist erfüllt dein Traum,
dann bringet dir der heil'ge Christ
den schönsten Weihnachtsbaum."*

(Hoffmann von Fallersleben)

Der Tannenbaum

Draußen im Walde stand ein niedlicher, kleiner Tannenbaum; er hatte einen guten Platz, die Sonne konnte er bekommen, Luft war genug da, und ringsumher wuchsen viele größere Kameraden, sowohl Tannen wie Fichten. Aber der kleine Tannenbaum war nur aufs Wachsen versessen; er achtete nicht der warmen Sonne und der frischen Luft, er kümmerte sich nicht um die Bauernkinder, die da gingen und plauderten, wenn sie herausgekommen waren, um Erdbeeren und Himbeeren zu sammeln.

Oft kamen sie mit einem ganzen Topf voll oder hatten Erdbeeren auf einen Strohhalm gezogen, dann setzten sie sich neben den kleinen Tannenbaum und sagten: „Wie niedlich klein ist der!“ Das möchte der Baum gar nicht hören.

Im nächsten Jahre war er ein ganzes Ende größer, und das Jahr darauf war er wieder um einen Ansatz länger; denn bei den Tannenbäumen kann man immer an den vielen Gliedern, die sie haben, sehen, wie viele Jahre sie gewachsen sind.
„Oh, wäre ich doch so ein großer Baum wie die anderen!“, seufzte das kleine Bäumchen. „Dann könnte ich meine Zweige so weit umher ausbreiten und mit der Krone in die weite Welt hinausblicken! Die Vögel würden dann Nester zwischen meinen Zweigen bauen, und wenn der Wind weht, könnte ich so vor-

Der Tannenbaum (Fortsetzung)

nehm nicken, gerade wie die anderen dort." Er hatte gar keine Freude am Sonnenschein, an den Vögeln und den roten Wolken, die morgens und abends über ihn hinsegelten.

War es dann Winter, und Schnee lag ringsumher funkelnd weiß, so kam häufig ein Hase angesprungen und setzte gerade über den kleinen Baum weg. Oh, das war ärgerlich! Aber zwei Winter vergingen, und im dritten war das Bäumchen so groß, dass der Hase drum herumlaufen musste. „Oh, wachsen, wachsen, groß und alt werden, das ist doch das einzig Schöne in dieser Welt!", dachte der Baum.

Im Herbst kamen immer Holzhauer und fällten einige der größten Bäume; das geschah jedes Jahr, und dem jungen Tannenbaum, der nun ganz gut gewachsen war, schauderte dabei; denn die großen, prächtigen Bäume fielen mit Knacken und Krachen zur Erde, die Zweige wurden abgehauen, die Bäume sahen ganz nackt, lang und schmal aus; sie waren fast nicht mehr zu erkennen.

Aber dann wurden sie auf Wagen gelegt, und Pferde zogen sie davon, aus dem Wald hinaus.

Wohin sollten sie? Was stand ihnen bevor?

Im Frühjahr, als die Schwalben und Störche kamen, fragte sie der Baum: „Wisst ihr nicht, wohin sie geführt wurden? Seid ihr ihnen nicht begegnet?"

Die Schwalben wussten nichts, aber der Storch sah nachdenklich aus, nickte

mit dem Kopfe und sagte: „Ja, ich glaube wohl; mir begegneten viele neue Schiffe, als ich aus Ägypten flog. Auf den Schiffen waren prächtige Mastbäume; ich darf annehmen, dass sie es waren; sie hatten Tannengeruch; ich kann vielmals grüßen, die tragen ihr Haupt so hoch, so stolz!"

„Oh, wäre ich doch auch groß genug, um über das Meer hinfahren zu können! Was ist das eigentlich, dieses Meer, und wie sieht es aus?"

„Ja, das ist weitläufig zu erklären!", sagte der Storch, und damit ging er.

„Freue dich deiner Jugend!", sagten die Sonnenstrahlen; „freue dich deines frischen Wachstums, des jungen Lebens, das in dir ist!"

Und der Wind küsste den Baum, und der Tau weinte Tränen über ihn, aber das verstand der Tannenbaum nicht.

Wenn es gegen die Weihnachtszeit ging, wurden ganz junge Bäume gefällt. Bäume, die oft nicht einmal so groß oder alt wie unser Tannenbaum waren, der weder Rast noch Ruhe hatte, sondern immer davonwollte; diese jungen Bäumchen, und es waren gerade die allerschönsten, behielten immer ihre Zweige, sie wurden auf Wagen gelegt, und Pferde zogen sie von dannen zum Walde hinaus.

„Wohin sollen diese?", fragte der Tannenbaum. „Sie sind nicht größer als ich, einer ist sogar viel kleiner; weswegen behalten sie alle

Der Tannenbaum (Fortsetzung)

ihre Zweige? Wohin fahren sie?"
„Das wissen wir, das wissen wir!", zwitscherten die Sperlinge. „Unten in der Stadt haben wir in die Fenster gesehen. Wir wissen, wohin sie fahren! Oh, sie gelangen zur größten Pracht und Herrlichkeit, die sich denken lässt! Wir haben in die Fenster geguckt, und da sahen wir, dass sie mitten in der warmen Stube aufgepflanzt und mit den schönsten Sachen, vergoldeten Äpfeln, Honigkuchen, Spielzeug und vielen Hundert Lichtern geschmückt werden!"
„Und dann?", fragte der Tannenbaum und bebte in allen Zweigen. „Und dann? Was geschieht dann?" – „Ja, mehr haben wir nicht gesehen. Das war unvergleichlich schön!"

„Ob ich wohl bestimmt bin, diesen strahlenden Weg zu betreten?", jubelte der Tannenbaum. „Das ist noch besser, als über das Meer zu ziehen. Ach, wie ich mich sehne! Wäre es doch Weihnachten! Nun bin ich hoch und entfaltet wie die anderen, die im vorigen Jahre davongeführt wurden. Oh, wäre ich erst auf dem Wagen, wäre ich doch in der warmen Stube mit all der Pracht und Herrlichkeit! Und dann? Ja, dann kommt noch etwas Besseres, noch Schöneres, warum würden sie mich sonst so schmücken! Es muss da noch etwas Größeres, Herrlicheres kommen! Aber was? Oh, ich leide, ich sehne mich; ich weiß selbst nicht, wie es mir ist!"

„Freue dich unser!", sagten die Luft und das Sonnenlicht; „freue dich deiner frischen Jugend im Freien!" Aber er freute sich durchaus nicht; er wuchs und wuchs, Winter und Sommer stand er grün; dunkelgrün stand er da; die Leute, die ihn sahen, sagten: „Das ist ein schöner Baum!" und zur Weihnachtszeit wurde er von allen zuerst gefällt! Die Axt hieb tief durch das Mark; der Baum fiel mit einem Seufzer zu Boden, er fühlte einen Schmerz, eine Ohnmacht, er konnte gar nicht an irgendein Glück denken, er war betrübt, von der Heimat scheiden zu müssen, von dem Flecke, auf dem er emporgeschossen war; er wusste ja, dass er die lieben alten Kameraden, die kleinen Büsche und Blumen ringsumher nie mehr sehen werde, ja vielleicht nicht einmal die Vögel. Die Abreise hatte durchaus nichts Behagliches.

Der Tannenbaum *(Fortsetzung)*

Der Baum kam erst wieder zu sich selbst, als er im Hofe mit anderen Bäumen abgeladen war und einen Mann sagen hörte: „Der hier ist prächtig! Wir brauchen nur den!"

Nun kamen zwei Diener im vollen Staat und trugen den Tannenbaum in einen großen, schönen Saal. Ringsherum an den Wänden hingen Bilder, und bei dem großen Kachelofen standen große chinesische Vasen mit Löwen auf den Deckeln; da waren Schaukelstühle, seidene Sofas, große Tische voll von Bilderbüchern und Spielzeug für hundertmal hundert Taler; wenigstens sagten das die Kinder. Der Tannenbaum wurde in ein großes, mit Sand gefülltes Fass gestellt, aber niemand konnte sehen, dass es ein Fass war, denn es wurde rundherum mit grünem Zeug behängt und stand auf einem großen, bunten Teppich. Oh, wie der Baum bebte! Was würde nun noch kommen? Diener und Fräulein gingen hin und schmückten ihn. An einen Zweig hängten sie kleine Netze, aus farbigem Papier ausgeschnitten, jedes Netz war mit Zuckerwerk gefüllt; vergoldete Äpfel und Walnüsse hingen herab, als wären sie festgewachsen, und über hundert rote, blaue und weiße kleine Lichter wurden in den Zweigen

Der Tannenbaum (Fortsetzung)

festgesteckt. Puppen, die leibhaftig wie Menschen aussahen – der Baum hatte so etwas noch nie gesehen –, schwebten im Grünen, und hoch oben in der Spitze wurde ein Stern von Flittergold befestigt. „Heute Abend“, sagten alle, „heute Abend wird er erstrahlen!“

„Oh“, dachte der Baum, „wäre es doch Abend! Würden nur die Lichter bald angezündet! Und was dann wohl geschieht? Ob da wohl Bäume aus dem Walde kommen, mich zu sehen? Ob die Sperlinge gegen die Fensterscheiben fliegen? Ob ich hier festwachse und Winter und Sommer geschmückt stehen werde?“

Ja er wusste gut Bescheid; aber er hatte ordentlich Borkenschmerzen vor lauter Sehnsucht, und Borkenschmerzen sind für einen Baum ebenso schlimm wie Kopfschmerzen für uns andere.

Nun wurden die Lichter angezündet.

Welcher Glanz, welche Pracht! Der Baum bebte in allen Zweigen dabei, sodass eins der Lichter das Grüne anbrannte; es sengte ordentlich.
„Gott bewahre uns!“, schrien die Fräulein und löschten es hastig aus.
Nun durfte der Baum nicht einmal beben. Oh, das war ein Grauen. Ihm war bange, etwas von seinem Staate zu verlieren; er war ganz betrübt von all dem Glanze.
Da gingen beide Flügeltüren auf, und eine Menge Kinder stürzten herein, als wollten sie den ganzen Baum umwerfen, die älteren Leute kamen bedächtig nach; die Kleinen standen ganz stumm, aber nur einen Augenblick, dann jubelten sie wieder, dass es laut schallte, sie tanzten um den Baum herum, und ein Geschenk nach dem anderen wurde abgepflückt.
„Was machen sie?“, dachte der Baum. „Was soll geschehen?“ Die Lichter brannte gerade bis auf die Zweige herunter, und je nachdem sie niederbrannten, wurden sie gelöscht, und dann erhielten die Kinder die Erlaubnis, den Baum zu plündern. Oh, sie stürzten auf ihn los, dass es in allen Zweigen knackte; wäre er nicht mit der Spitze an der Decke festgemacht gewesen, so wäre er umgestürzt.

Die Kinder tanzten mit ihrem prächtigen Spielzeug herum, niemand sah nach dem Baume, ausgenommen das alte Kindermädchen, welches kam und zwischen die Zweige blickte; aber es geschah nur, um zu sehen, ob nicht noch eine Feige oder ein Apfel vergessen sei.

„Eine Geschichte, eine Geschichte!“, riefen die Kinder und zogen einen kleinen, dicken Mann gegen den Baum hin, und er setzte sich gerade darunter, „denn so sind wir im Grünen“, sagte er, „und der Baum kann nur Vorteil davon haben, wenn er zuhört! Aber ich erzähle nur eine Geschichte. Wollt ihr die von Ivede-Avede oder die von Klumpe-Dumpe hören, der die Treppe herunterfiel und doch erhört wurde und die Prinzessin erhielt?“

„Ivede-Avede!“, schrien einige, „Klumpe-Dumpe!“, schrien andere.

Das war ein Rufen und Schreien! Nur der Tannenbaum schwieg ganz still und dachte: „Soll ich gar nicht mit dabei sein, gar nichts dabei zu tun haben?“ Er war ja mit dabei gewesen, hatte ja getan, was er tun sollte.

Der Mann erzählte von Klumpe-Dumpe, welcher die

Der Tannenbaum (Fortsetzung)

Treppe herunterfiel und doch erhört wurde und die Prinzessin erhielt.

Und die Kinder klatschten in die Hände und riefen: „Erzähle, erzähle!" Sie wollten auch die Geschichte von Ivede-Avede hören, aber sie bekamen nur die von Klumpe-Dumpe. Der Tannenbaum stand ganz stumm und gedankenvoll, nie hatten die Vögel im Walde dergleichen erzählt. „Klumpe-Dumpe fiel die Treppe hinunter und bekam doch die Prinzessin! Ja, ja, so geht es in der Welt zu!", dachte der Tannenbaum und glaubte, dass es wahr sei, weil es ein so netter Mann war, der es erzählte. „Ja, ja! Vielleicht falle ich auch die Treppe hinunter und bekomme die Prinzessin!" Und er freute sich, den nächsten Tag wieder mit Lichtern und Spielzeug, Gold und Früchten aufgeputzt zu werden.
„Morgen werde ich nicht zittern!", dachte er. „Ich will mich recht meiner Herrlichkeit freuen. Morgen werde ich wieder die Geschichte von Klumpe-Dumpe und vielleicht auch die von Ivede-Avede hören."

Und der Baum stand die ganze Nacht still und gedankenvoll.

Am Morgen kamen die Diener und das Mädchen herein.

„Nun beginnt der Staat aufs Neue!", dachte der Baum; aber sie schleppten ihn zum Zimmer hinaus, die Treppe hinauf, auf den Boden, und stellten ihn in einen dunklen Winkel, wohin kein Tageslicht schien. „Was soll das bedeuten?", dachte der Baum. „Was soll ich hier wohl machen? Was soll ich hier wohl hören?" Er lehnte sich gegen die Mauer und dachte und dachte. Und er hatte Zeit genug, denn es vergingen Tage und Nächte; niemand kam herauf, und als endlich jemand kam, so geschah es, um einige große Kasten in den Winkel zu stellen; der Baum stand ganz versteckt, man musste glauben, dass er ganz vergessen war. „Nun ist es Winter draußen!", dachte der Baum.
„Die Erde ist hart und mit Schnee bedeckt, die Menschen können mich nicht pflanzen; deshalb soll ich wohl bis zum Frühjahr hier im Schutz stehen! Wie wohl bedacht ist das! Wie die Menschen doch so gut sind! Wäre es hier nur nicht so dunkel und schrecklich einsam! Nicht einmal ein kleiner Hase! Das war doch niedlich da draußen im Walde, wenn der Schnee lag und der Hase vorbeisprang, ja selbst als er über mich hinwegsprang; aber damals mochte ich es nicht leiden. Hier oben ist es doch schrecklich einsam!"

„Piep, piep!", sagte da eine kleine Maus und huschte hervor, und dann kam noch eine kleine. Sie beschnupperten den Tannenbaum, und dann schlupften sie zwischen seine Zweige.

„Es ist eine gräuliche Kälte!", sagten die kleinen Mäuse. „Sonst ist hier gut sein; nicht wahr, du alter Tannenbaum?"

„Ich bin gar nicht alt!", sagte der Tannenbaum; „es gibt viele, die weit älter sind denn ich!"

„Woher kommst du", fragten die Mäuse, „und was weißt du?" Sie waren gewaltig neugierig. „Erzähle uns doch von dem schönsten Ort auf Erden! Bist du dort gewesen? Bist du in der Speisekammer gewesen, wo Käse auf den Brettern liegen und Schinken unter der Decke hängen, wo

Der Tannenbaum *(Fortsetzung)*

man auf Talglicht tanzt, mager hineingeht und fett herauskommt?"

„Das kenne ich nicht", sagte der Baum, „aber den Wald kenne ich, wo die Sonne scheint und die Vögel singen!" Und dann erzählte er alles aus seiner Jugend, die kleinen Mäuse hatten früher nie dergleichen gehört, und sie horchten auf und sagten: „Wie viel du gesehen hast! Wie glücklich du gewesen bist!"

„Ich?", sagte der Tannenbaum und dachte über das, was er selbst erzählte, nach. „Ja, es waren im Grunde ganz fröhliche Zeiten!" Aber dann erzählte er vom Weihnachtsabend, wo er mit Kuchen und Lichtern geschmückt war.

„Oh!", sagten die kleinen Mäuse, „wie glücklich du gewesen bist, du alter Tannenbaum!"

„Ich bin gar nicht alt!", sagte der Baum; „erst in diesem Winter bin ich vom Walde gekommen! Ich bin in meinem allerbesten Alter, ich bin nur so aufgeschossen!"

„Wie schön du erzählst!", sagten die kleinen Mäuse, und in der nächsten Nacht kamen sie mit vier anderen kleinen Mäusen, die den Baum erzählen hören soll-

Der Tannenbaum (Fortsetzung)

ten, und je mehr er erzählte, desto deutlicher erinnerte er sich selbst an alles und dachte: „Es waren doch ganz fröhliche Zeiten! Aber sie können wiederkommen, können wiederkommen! Klumpe-Dumpe fiel die Treppe hinunter und erhielt doch die Prinzessin; vielleicht kann ich auch eine Prinzessin bekommen." Und dann dachte der Tannenbaum an eine kleine niedliche Birke, die draußen im Walde wuchs; das war für den Tannenbaum eine wirkliche schöne Prinzessin.

„Wer ist Klumpe-Dumpe?", fragten die kleinen Mäuse. Da erzählte der Tannenbaum das ganze Märchen, er konnte sich jedes einzelnen Wortes entsinnen; die kleinen Mäuse waren aus reiner Freude bereit, bis an die Spitze des Raumes zu springen. In der folgenden Nacht kamen weit mehr Mäuse und am Sonntage sogar zwei Ratten, aber die meinten, die Geschichte sei nicht hübsch, und das betrübte die kleinen Mäuse, denn nun hielten sie auch weniger davon.

„Wissen Sie nur die eine Geschichte?", fragten die Ratten.

„Nur die eine", antwortete der Baum; „die hörte ich an meinem glücklichsten Abend, aber damals dachte ich nicht daran, wie glücklich ich war."

„Das ist eine höchst jämmerliche Geschichte! Kennen Sie keine von Speck und Talglicht? Keine Speisekammergeschichte?"

„Nein!", sagte der Baum.

„Ja, dann danken wir dafür!", erwiderten die Ratten und gingen zu den Ihrigen zurück.

Die kleinen Mäuse blieben zuletzt auch weg, und da seufzte der Baum: „Es war doch ganz hübsch, als sie um mich herum saßen, die

Der Tannenbaum *(Fortsetzung)*

beweglichen kleinen Mäuse, und zuhörten, wie ich erzählte! Nun ist auch das vorbei. Aber ich werde daran denken, mich zu freuen, wenn ich wieder hervorgenommen werde.“ Aber wann geschah das? Es war eines Morgens, da kamen Leute und wirtschafteten auf dem Boden; die Kasten wurden weggesetzt, der Baum wurde hervorgezogen; sie warfen ihn freilich ziemlich hart gegen den Fußboden, aber ein Diener schleppte ihn gleich nach der Treppe hin, wo der Tag leuchtete.

„Nun beginnt das Leben wieder!“, dachte der Baum; er fühlte die frische Luft, die ersten Sonnenstrahlen, und nun war er draußen im Hofe. Alles ging geschwind, der Baum vergaß völlig, sich selbst zu betrachten, da war so vieles ringsumher zu sehen. Der Hof stieß an einen Garten, und alles blühte darin, die Rosen hingen frisch und duftend über das kleine Gitter hinaus, die Lindenbäume blühten, und die Schwalben flogen umher und sagten: „Quirrevirrevit, mein Mann ist gekommen!“ Aber es war nicht der Tannenbaum, den sie meinten.

„Nun werde ich leben!“, jubelte er und breitete seine Zweige weit aus; aber ach, die waren alle vertrocknet und gelb; und er lag da zwischen Unkraut und Nesseln. Der Stern von Goldpapier saß noch oben in der Spitze und glänzte im hellen Sonnenschein. Im Hofe selbst spielten ein paar der munteren Kinder, die zur Weihnachtszeit den Baum umtanzt hatten und so froh über ihn gewesen waren. Eins der kleinsten lief hin und riss den Goldstern ab.

„Sieh, was da noch an dem hässlichen, alten Tannenbaum sitzt!“, sagte es und trat auf die Zweige, sodass sie unter seinen Stiefeln knackten.

Der Baum sah auf all die Blumenpracht im Garten, er betrachtete sich selbst und wünschte, dass er in seinem dunklen Winkel auf dem Boden geblieben wäre; er gedachte seiner frischen Jugend im Walde, des lustigen Weihnachtsabends und der kleinen Mäuse, die so munter die Geschichte von Klumpe-Dumpe angehört hatten.

„Vorbei, vorbei!“, sagte der arme Baum. „Hätte ich mich doch gefreut, als ich es noch konnte! Vorbei, vorbei!“

Der Diener kam und hieb den Baum in kleine Stücke, ein ganzes Bund lag da; hell flackerte es auf unter dem großen Braukessel. Der Baum seufzte tief, und jeder Seufzer war einem kleinen Schusse gleich; deshalb liefen die Kinder, die da spielten, herbei und setzten sich vor das Feuer, blickten hinein und riefen: „Piff, paff!“

Aber bei jedem Knalle, der ein tiefer Seufzer war, dachte der Baum an einen Sommerabend im Walde oder an den Weihnachtsabend oder Klumpe-Dumpe, das einzige Märchen, welches er gehört hatte und zu erzählen wusste – und dann war der Baum verbrannt.

Die Knaben spielten im Garten, und der kleinste hatte den Goldstern auf der Brust, den der Baum an seinem glücklichsten Abend getragen: Nun war der vorbei, und mit dem Baum war es auch vorbei und mit der Geschichte auch; vorbei, vorbei, und so geht es mit allen Geschichten!

(Hans Christian Andersen)

Im Dezember

Es war mal im Dezember,
da spielten einmal fein
Ein Bruder und ein Schwesterlein
in ihrem Stübchen klein.
Und wie sie also spielten,
da klopft es draußen an,
Und in das Stübchen poltert
ein Ungetüm von Mann.
Der war auf seinem Leibe rau
wie ein wilder Bär,
Auch brummte er so grimmig,
als ob er einer wär'.
„Nun, Kinder, lasst mich hören:
Seid ihr auch fromm und gut?
So betet her ein Sprüchlein,
sonst schlag' ich mit der Rut'."
Die Kinder aber beten, so fromm,
wie's sich gebührt.
Und hab'n mit ihrem Sprüchlein
den rauen Mann gerührt.
Dann plötzlich hagelt's Nüsse
und Äpfel um sie her,
Den Brummbär aber sahen
die Kinderchen nicht mehr.

(Aus Schlesien)

Der weiße Elch

Es war ein paar Tage vor Weihnachten und in der Einsamkeit der Nacht funkelten die Sterne besonders golden auf dem weiß glitzernden Schnee. Er hatte alles warm zugedeckt und jedem Baum, Strauch und Halm ein schneeweißes, funkelndes Mützchen aufgesetzt. Der eisige Nordwind trieb sein klirrendes Spiel und der Wald, in dem sonst reges Leben herrschte, war in einen tiefen Winterschlaf gefallen. Nur ein kleines Eichkätzchen, das viel zu neugierig war, um wochenlang in der dunklen Höhle zu schlafen und nichts zu erleben, sprang in dieser eiskalten Dezembernacht übermütig durch den verschneiten Tannenwald von Ast zu Ast. Es schüttelte hier und da den feinen Schnee von den Ästen, sodass die Tannen schimpften: „He du Eichkatz, du nimmst uns unsere warme Decke!“ Aber sie konnten dem lustigen Eichkätzchen nicht böse sein, denn es war in dieser trostlosen, eisigen Zeit ein fröhlicher Zeitvertreib.

Gerade als das Eichkätzchen einen besonders dicken Baumstamm hinaufklettern wollte, erstrahlte der Wald ringsum plötzlich in einem wundersamen Licht. Das Eichkätzchen hielt den Atem an und versteckte sich schnell hinter einem großen Schneehaufen. Aus dem dickbeschneiten Geäst sah es majestätischen Schrittes einen riesigen, schneeweißen Elch hervortreten. Vor Aufregung musste das Eichkätzchen beinahe niesen, denn einen schneeweißen Elch hatte es noch nie gesehen! Aber das Sonderbarste an dem Elch war, dass auf den Spitzen seines weit ausladenden Geweihs zahlreiche weiße Kerzen leuchteten. Bei jedem hoheitsvollen Schritt des gewaltigen Tieres blitzten die hellen Flamen auf und kleine Funken sprangen auf die Äste der umliegenden Bäume über. Aber diese Funken erloschen seltsamerweise nicht, sondern verwandelten den Weg des Elchs in ein wahres Lichtermeer. Das Eichkätzchen konnte kaum glauben, was es sah und stürmte so schnell es konnte in die Höhle, in der die Tiere des Waldes ihren Winterschlaf hielten. Aufgeschreckt durch den Lärm rieben sich die Tiere verschlafen die Augen. „Was ist los?“, wollte Familie Hase wissen und Frau Reh fragte ungehalten, ob der Winter schon vorbei wäre. Das Eichkätzchen überschlug sich vor Aufregung und rief: „Kommt mit, kommt mit, der Wald, er leuchtet!“

Die Tiere des Waldes drängelten sich aufgeregt aus der gut versteckten Winterhöhle und folgten dem kleinen Eichkätzchen, bis sie auf der großen Lichtung ankamen. Schon von Weitem sahen sie ein geheimnisvolles Leuchten und je näher sie kamen, desto heller wurde es. Rundherum erstrahlte jeder Baum in hellem Licht und auf allen Tannenspitzen funkelten kleine Sterne. Allen wurde ganz wunderlich zumute und selbst die geschwätzige Eule wurde ganz still.

Dann hatten sie die Lichtung erreicht und sie trauten ihren Augen nicht: Da stand ein weißer Elch mit riesigem weißen Geweih, auf dessen Spitzen wundersame Kerzen flackerten. „Es ist Weihnachten, da geschehen noch Wunder“, sagte der schlaue Fuchs andächtig. Der weiße Elch nickte würdevoll mit seinem mächtigen Haupt und versprühte dabei so viele Funken, dass die Tannen wie die schönsten Weihnachtsbäume aufleuchteten. Dann begann der Elch langsam vom Wunder der heiligen

Der weiße Elch (Fortsetzung)

Nacht zu erzählen. Von der Geburt Christi, von Maria und Josef und von den vielen wundersamen Dingen, die zu dieser Zeit geschahen. Andächtig hörten die Tiere des Waldes die Geschichte des weißen Elches. Sie fassten sich feierlich bei den Pfoten und tanzten in der klirrenden Kälte den Weihnachtsreigen. Und als die Sterne auf den Spitzen der Tannenzweige langsam erloschen und es immer dunkler wurde, war der weiße Elch plötzlich verschwunden und wurde nie wieder gesehen. Die Tiere aber traten den Rückweg zu ihrer warmen Höhle an und bewahrten diese geheimnisvolle Nacht fest in ihren Herzen. Sie kuschelten sich eng aneinander und schliefen friedlich ein – und Friede war auf Erden für Mensch und Tier.

(Helga M. Mau)

Weihnachtsabend

*Die fremde Stadt durchschritt ich sorgenvoll,
der Kinder denkend, die ich ließ zu Haus.
Weihnachten war's; durch alle Gassen scholl
der Kinderjubel und des Markts Gebraus.*

*Und wie der Menschenstrom mich fortspült,
drang mir ein heiser' Stimmlein in das Ohr:
„Kauft, lieber Herr!" Ein magres Händchen hielt
feilbietend mir ein ärmlich' Spielzeug vor.*

*Ich schrak empor, und beim Laternenschein
sah ich ein bleiches Kinderangesicht;
wes Alters und Geschlechts es mochte sein,
erkannt' ich im Vorübertreiben nicht.*

*Nur von dem Treppenstein, darauf es saß,
noch immer hört' ich, mühsam, wie es schien:
„Kauft, lieber Herr!" den Ruf ohn' Unterlass;
doch hat wohl keiner ihm Gehör verliehn.*

*Und ich? – War's Ungeschick, war es die Scham,
am Weg zu handeln mit dem Bettelkind?
Eh' meine Hand zu meiner Börse kam,
verscholl das Stimmlein hinter mir im Wind.*

*Doch als ich endlich war mit mir allein,
erfasste mich die Angst im Herzen so,
als säß' mein eigen Kind auf jenem Stein
und schrie nach Brot, indessen ich entfloh.*

(Theodor Storm)

Die Sterntaler

Es war einmal ein kleines Mädchen, dem war Vater und Mutter gestorben, und es war so arm, dass es kein Kämmerchen mehr hatte, darin zu wohnen, und kein Bettchen mehr hatte, darin zu schlafen, und endlich gar nichts mehr als die Kleider auf dem Leib und ein Stückchen Brot in der Hand, das ihm ein mitleidiges Herz geschenkt hatte. Es war aber gut und fromm. Und weil es so von aller Welt verlassen war, ging es im Vertrauen auf den lieben Gott hinaus ins Feld. Da begegnete ihm ein armer Mann, der sprach: „Ach, gib mir etwas zu essen, ich bin so hungrig." Es reichte ihm das ganze Stückchen Brot und sagte: „Gott segne dir's", und ging weiter. Da kam ein Kind, das jammerte und sprach: „Es friert mich so an meinem Kopfe, schenk mir etwas, womit ich ihn bedecken kann." Da tat es seine Mütze ab und gab sie ihm. Und als es noch eine Weile gegangen war, kam wieder ein Kind und hatte kein Leibchen an und fror: da gab es ihm seins; und noch weiter, da bat eins um ein Röcklein, das gab es auch von sich hin.

Endlich gelangte es in einen Wald, und es war schon dunkel geworden, da kam noch eins und bat um ein Hemdlein, und das fromme Mädchen dachte: „Es ist dunkle Nacht, da sieht dich niemand, du kannst wohl dein Hemd weggeben", und zog das Hemd ab und gab es auch noch hin. Und wie es so stand und gar nichts mehr hatte, fielen auf einmal die Sterne vom Himmel, und waren lauter blanke Taler; und ob es gleich sein Hemdlein weggegeben, so hatte es ein neues an, und das war vom allerfeinsten Linnen. Da sammelte es sich die Taler hinein und war reich für sein Lebtag.

(Gebrüder Grimm)

Weihnachtslied

Vom Himmel in die tiefsten Klüfte
Ein milder Stern herniederlacht;
Vom Tannenwalde steigen Düfte
Und hauchen durch die Winterlüfte,
Und kerzenhelle wird die Nacht.

Mir ist das Herz so froh erschrocken,
Das ist die liebe Weihnachtszeit!
Ich hörte fernher Kirchenglocken
Mich lieblich heimatlich verlocken
In märchenstille Herrlichkeit.

Ein frommer Zauber hält mich wieder,
Anbetend, staunend muss ich stehn;
Es sinkt auf meine Augenlider,
Ein goldner Kindertraum hernieder,
Ich fühl's, ein Wunder ist geschehn.

(Theodor Storm)

Die Geschichte von Pepe Knollennase und Alexander Zipfelmütz

Ich kenne einen Dachboden in Velen, da scheint es nicht mit rechten Dingen zuzugehen. Auf den ersten Blick scheint es ein ganz normaler Dachboden zu sein. Wohin man auch sieht, findet man Gerümpel aus vergangenen Tagen und überall stehen staubige Kisten, abgewetzte Teppiche und ausgediente Stühle herum. Doch in der Winterzeit hat es eine besondere Bewandtnis mit diesem Dachboden. Denn in einer hinteren Ecke leuchten viele rote Zipfelmützen.

Rote Zipfelmützen? werdet ihr fragen – Was kann das nur sein?

Ich werde es euch erzählen: Auf diesem Dachboden werden jeden Winter über die Gartenzwerge aus dem Garten von Frau Reinfeld gelagert. Hier müssen sie warten, bis der Frost vorbei ist, die Sonne wieder länger scheint und die ersten Frühlingsblumen zu sprießen beginnen. Erst dann dürfen sie wieder in den Garten hinaus. Jetzt aber, da der Winter angefangen hat, stehen sie da in Reih und Glied – die vielen roten Zipfelmützen und natürlich auch Schneewittchen.

Zu diesen vielen Gartenzwergen gehören auch Pepe Knollennase und Alexander Zipfelmütz. Pepe Knollennase, der ein grünes Zipfelmützchen trägt und eine dicke Knollennase hat, ist Bergsteiger von Beruf. Sein bester Freund und Kamerad Alexander Zipfelmütz hat eine rote Zipfelmütze und eine Laterne in der Hand, mit der er den anderen in der Dunkelheit auf dem Dachboden leuchten kann. Nun wisst ihr ja, dass so ein Winter sehr lang sein kann und wenn so viele unternehmungslustige Gartenzwerge so eng zusammenstehen, ist es kein Wunder, dass sich der ein oder andere überlegt, wie er sich die Zeit wohl am besten vertreiben könnte.

So war es auch bei unseren beiden Freunden. Alexander Zipfelmütz fiel nämlich ein, dass jedes Jahr um die Weihnachtszeit ein großer Karton in die Stube heruntergeholt wurde, in dem der ganze Weihnachtsschmuck, die goldenen Christbaumkugeln, die Lichterketten und Leuchteengel aufbewahrt wurden. Neugierig wie er war, sagte er zu Pepe Knollennase: „Lass uns einmal nachsehen, ob in diesem Karton Platz für uns ist. Dann springen wir hinein und kommen so auch im Winter einmal von unserem Dachboden herunter.“ Da Pepe Knollennase Bergsteiger von Beruf war, war das überhaupt kein Problem. Er hatte ein langes Seil dabei und schwuppdiwupp kletterten beide in den großen Karton und versteckten sich tief unter der glitzernden Weihnachtsdekoration.

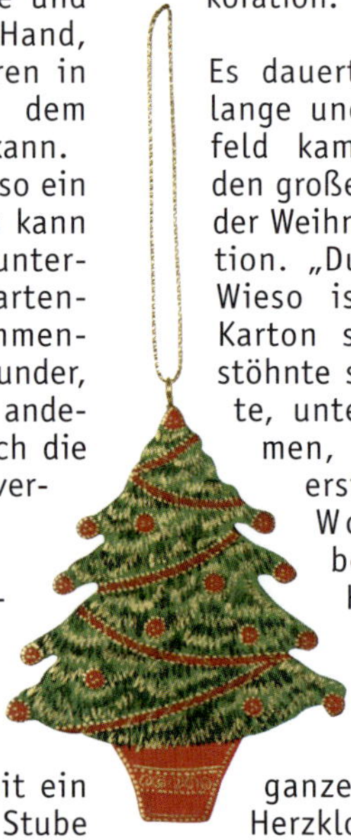

Es dauerte gar nicht lange und Frau Reinfeld kam und holte den großen Karton mit der Weihnachtsdekoration. „Du liebe Zeit! Wieso ist denn der Karton so schwer?“, stöhnte sie und stellte, unten angekommen, den Karton erst einmal im Wohnzimmer beiseite. Pepe Knollennase und Alexander Zipfelmütz, die schon die ganze Zeit über Herzklopfen gehabt hatten, da sie nun das erste Mal sehen würden, was im Winter im Garten und im Haus passierte, waren ein wenig enttäuscht. Denn jetzt passierte erst einmal überhaupt nichts. Sie schauten heraus und alles war dunkel. Niemand kümmerte sich um den Karton und die beiden langweilten sich schrecklich.

Doch am nächsten Tag hatte Frau Reinfeld endlich Zeit und so begann sie damit, den Weihnachts-

Die Geschichte von Pepe Knollennase und Alexander Zipfelmütz (Fortsetzung)

schmuck und die Weihnachtslichter zu sortieren und sich zu überlegen, wie sie das Haus damit schmücken könnte. Als sie damit fertig war, fiel ihr auf, dass ganz unten zwei ihrer Gartenzwerge standen. „Oh", rief sie verwundert, „was macht ihr denn hier? Euch kann ich ja nun gar nicht gebrauchen, ihr seid ja keine Weihnachtsdekoration! Ich stelle euch erst einmal in eine Ecke im Wohnzimmer und später bringe ich euch wieder zurück auf den Dachboden zu den anderen Gartenzwergen – denn zu Weihnachten habt ihr hier wirklich nichts verloren." Das Herz von Pepe Knollennase und Alexander Zipfelmütz machte einen großen Sprung und sie freuten sich riesig, dass sie im warmen Wohnzimmer stehen bleiben durften. So sahen sie zu, wie Frau Reinfeld alles weihnachtlich dekorierte: Da wurden die Fenster mit Sternen geschmückt, überall Engel und leuchtende Kerzen aufgestellt, der Tisch mit Weihnachtsdeckchen gedeckt und ein großer Adventskranz mit roten Bändern und roten Kerzen aufgehängt. Und als drinnen alles sehr gemütlich und festlich aussah, konnte Pepe Knollennase sogar beobachten, wie draußen eine Tanne mit einer Lichterkette geschmückt wurde, die, als es dunkel war, hell erleuchtet wurde.

„Schade", seufzte Alexander Zipfelmütz, „dass wir im Winter immer oben auf dem Dachboden stehen müssen! So etwas Schönes habe ich noch nicht gesehen!" – „Gut, dass wir zu zweit sind", sagte Pepe Knollennase. „Die Gartenzwerge oben auf dem Dachboden glauben uns kein Wort, wenn wir ihnen das erzählen. Hoffentlich vergisst Frau Reinfeld, dass wir hier stehen, dann können wir noch ein paar Tage zusehen, was hier so alles passiert."

Und tatsächlich, Frau Reinfeld dachte nicht mehr an die zwei Gartenzwerge, die

Die Geschichte von Pepe Knollennase und Alexander Zipfelmütz (Fortsetzung)

in der Wohnzimmerecke standen und die da eigentlich gar nichts zu suchen hatten. So konnten Pepe Knollennase und Alexander Zipfelmütz noch eine ganze Weile die Weihnachtsvorbereitung genießen: Jeden Tag wurden die Kerzen angezündet, Plätzchen gebacken und Weihnachtsschmuck gebastelt und dazu schallten fröhliche Weihnachtslieder durchs Haus. Kurzum – Pepe Knollennase und Alexander Zipfelmütz hatten eine wunderschöne Weihnachtszeit im Wohnzimmer von Frau Reinfeld.

Doch, oh Unglück, beim letzten Weihnachtsputz kurz vor dem großen Fest, entdeckte sie die beiden Gartenzwerge. „Ach du liebe Zeit", lachte sie, „euch habe ich ja ganz vergessen. Nun werde ich euch aber endlich wieder auf den Dachboden bringen. Denn Gartenzwerge zum festlichen Weihnachtsbaum – das sieht ja nun wirklich nicht besonders festlich aus!" Sie nahm die Gartenzwerge, steckte sie in einen Korb und brachte sie sofort auf den Dachboden zurück. „Nun erzählt schon", bettelte Schneewittchen und die anderen Gartenzwerge riefen alle durcheinander: „Erzählt schon, erzählt schon, wie war's, wie war's? Ihr wart ja so lange weg!" – „Nun mal langsam", sagte Pepe Knollennase, „wir erzählen ja schon! Immer alles der Reihe nach. Ihr werdet es sowieso nicht glauben!"

Und sie berichteten ihren Freunden davon, wie schön es unten in der warmen Stube gewesen war, wie hell die Weihnachtslichter gefunkelt hatten, wie lecker das Gebäck geduftet hatte und was für fröhlichen Lieder alle gesungen hatten.
Alle freuten sich über das gelungene Abenteuer von Pepe Knollennase und Alexander Zipfelmütz. Sie rutschten ein wenig zusammen, damit die beiden wieder Platz hatten und jeder hing seinen weihnachtlichen Träumen nach. Pepe

Die Geschichte von Pepe Knollennase und Alexander Zipfelmütz (Fortsetzung)

Knollennase und Alexander Zipfelmütz sangen leise „Stille Nacht, Heilige Nacht", der Flötenzwerg spielte dazu leise auf seiner Flöte, der Mandolinenzwerg zupfte auf seiner Mandoline und ein anderer schlug auf einem alten Xylophon einen leisen Glockenschlag dazu. Sie fassten sich an den Händen und tanzten um einen alten künstlichen Weihnachtsbaum, an dem noch ein Lamettafaden hing. Da die Zwerge noch nie Weihnachten gefeiert hatten, war ihnen ganz besonders zu Mute. Der Mond schaute durch eine Dachluke und schüttelte sein rundes Gesicht. Weihnachten bei den Zwergen, das hatte selbst er noch nicht gesehen.

Alle erzählten noch lange von diesem schönen Fest auf dem alten Dachboden und sie nahmen sich fest vor, es nun jedes Jahr zu feiern. Denn dann würde ihnen die Zeit bis zum Frühling nicht so lang werden, bis sie wieder in Frau Reinfelds Garten durften.

(Helga M. Mau)

Zu Bethlehem da ruht ein Kind

Zu Bethlehem, da ruht ein Kind,
Im Kripplein eng und klein,
Das Kindlein ist ein Gotteskind,
Nennt Erd' und Himmel sein.

Zu Bethlehem, da liegt im Stall,
Bei Ochs und Eselein,
Der Herr, der schuf das Weltenall,
Als Jesukindchen klein.

Von seinem gold'nen Thron herab
Bringt's Gnad und Herrlichkeit,
Bringt jedem eine gute Gab',
Die ihm das Herz erfreut.

Der bunte Baum, vom Licht erhellt,
Der freuet uns gar sehr,
Ach, wie so arm die weite Welt,
Wenn's Jesukind nicht wär'!

Das schenkt uns Licht und Lieb' und Lust
In froher, heil'ger Nacht.
Das hat, als es nichts mehr gewusst,
Sich selbst uns dargebracht.

O wenn wir einst im Himmel sind,
Den lieben Englein nah,
Dann singen wir dem Jesukind
Das wahre Gloria.

(Annette von Droste-Hülshoff)

Das Weihnachtslied

An dem heiligen Abende vor dem Weihnachtsfeste wanderte der arme Anton, ein holder Knabe von acht Jahren, noch durch die schneebedeckte Gegend hin. Der arme Kleine hatte seine blonden Locken, die von der Kälte angeduftet waren, noch mit dem leichten, schwarzen Strohhute vom letzten Sommer her bedeckt und seine beiden Wangen glühten hochrot von Frost. Er war nach Soldatenart gekleidet und hatte eine niedliche scharlachrote Husarenjacke an. In der Rechten führte er einen dicken Stecken von Schlehdorn, und auf dem Rücken trug er ein kleines Reisebündelein, in dem sich all sein Hab und Gut befand. Er war aber fröhlich und guter Dinge und hatte an der schönen, weißen Winterlandschaft umher und an den bereiften Hecken und Gesträuchen am Wege seine herzliche Freude. Indes ging die Sonne glutrot unter. Die angedufteten Halme und Zweige umher flimmerten wie mit rötlichen Fünklein bestreut, und die Gipfel des nahen Tannenwaldes strahlten im Abendgolde.

Anton dachte, das nächste Dorf, das jenseits des Waldes lag, noch leicht zu erreichen und ging mutig in den dicken finstern Wald hinein. Er hoffte in dem Dorfe gute Weihnachtsfeiertage zu bekommen; denn er hatte gehört, die Bauern dort seien sehr wohlhabende und gutherzige Leute. Allein er war noch keine Viertelstunde gelangen, so kam er vom rechten Wege ab und verirrte sich in die wildeste Gegend des rauen, bergichten Waldes. Er musste fast beständig durch tiefen Schnee waten, und einige Mal versank er beinahe in Gruben und Schluchten, die unter dem Schnee versteckt waren. Die Nacht brach ein, und es er-

Das Weihnachtslied (Fortsetzung)

hob sich ein kalter Wind. Wolken überzogen den Himmel und verdunkelten jedes Sternlein, das durch die schwarzen Tannenäste funkelte. Es ward sehr finster und fing aufs Neue an zu schneien.

Der arme Knabe fand keine Spur mehr von einem Wege, und wusste nicht mehr wo an und wo aus. Müde vom langen Umherirren, vermochte er nicht mehr weiterzugehen. Er blieb stehen, zitterte vor Frost und fing an, schmerzlich zu weinen. Er legte sein Wanderbündelein in den Schnee, kniete daneben nieder, nahm seinen Hut ab, erhob seine starren Hände zum Himmel und betete unter heißen Tränen: „Ach du lieber Vater im Himmel! Ach lass mich doch nicht in diesem wilden Walde, in Nacht und Frost umkommen. Sieh, ich bin ja ein armes Waislein und habe keinen Vater und keine Mutter mehr! Ich habe niemand mehr als dich. Aber du bist ja der Vater aller armen Waisen. O lass mich nicht erfrieren: erbarme dich eines armen Kindes. Es ist ja heute die Nacht, in der dein lieber Sohn zur Welt geboren wurde. Um seinetwillen höre mich! Ach lass nicht eben in der Nacht, da sich alle Welt über die Geburt des göttlichen Kindes freut, mich armen Knaben hier einsam im Walde sterben.“ Er legte sein müdes Haupt auf sein kleines Bündelein und schluchzte und weinte bitterlich.

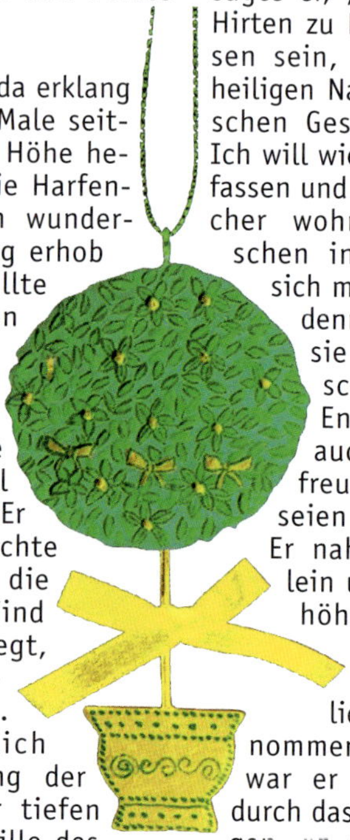

Aber horch! – da erklang es mit einem Male seitwärts von der Höhe herab lieblich wie Harfentöne, und ein wunderschöner Gesang erhob sich und hallte von den Felsen nieder. Dem Knaben war es nicht anders, als hörte er die heiligen Engel Gottes singen. Er stand auf, horchte und faltete die Hände. Der Wind hatte sich gelegt, und kein Lüftchen regte sich. Unaussprechlich lieblich erklang der Gesang in der tiefen nächtlichen Stille des Waldes. Jetzt vernahm er deutlich die Worte:

O sei getrost in jeder Not,
Denn sieh, den liebsten
Sohn hat Gott
Zum Heiland dir gegeben!
Auf ihn vertrau, und
fasse Mut,
Was schlimm ist, macht
er wieder gut;
Er liebt dich wie sein Leben.

Jetzt war es wieder stille; nur klangen noch wie ein leiser Widerhall einige sanfte Harfentöne nach. Dem guten Anton wurde es wunderbar um das Herz. „Ach“, sagte er, „so muss es den Hirten zu Bethlehem gewesen sein, als sie in jener heiligen Nacht den himmlischen Gesang vernahmen. Ich will wieder frischen Mut fassen und fröhlich sein. Sicher wohnen gute Menschen in der Nähe, die sich meiner annehmen; denn ich hoffe, dass sie nicht nur so schön singen wie Engel, sondern auch so gut und freundlich gesinnt seien wie die Engel!“ Er nahm sein Bündelein und ging die Anhöhe hinauf – der Gegend zu, woher er den lieblichen Gesang vernommen hatte. Kaum war er einige Schritte durch das Gebüsch gegangen, so glänzte ihm ein heller Lichtstrahl entgegen, der sogleich wieder verschwand, über eine Weile aber wieder erschien, dann wieder auf einige Augenblicke verschwand, dann wieder heller glänzte, und so wechselweise. Anton ging freudig vorwärts und kam an ein Haus, das einsam im Walde stand. Er klopfte zwei-, dreimal an der Haustür; er hörte wohl mehrere fröhliche Stimmen in dem Hause, aber niemand antwortete ihm. Er

Das Weihnachtslied (Fortsetzung)

versuchte nun die Tür zu öffnen; sie war nur mit der Schnalle oder der Klinke geschlossen. Er ging hinein, tappte lange in dem dunklen Hausgange umher und suchte die Stubentüre. Endlich fand er sie, machte sie auf – und blieb höchst erstaunt stehen. Ein heller Glanz von mehreren Lichtern strahlte ihm entgegen. Es war ihm nicht anders, als blicke er in das Paradies, ja in den offenen Himmel.

In der Ecke der Stube, zwischen den zwei Fenstern, war eine überaus schöne Frühlingslandschaft ganz nach der Natur im Kleinen abgebildet – eine gebirgige Gegend mit hohen bemoosten Felsen, grünenden Tannenwäldern, ländlichen Hütten, weidenden Schafen nebst ihren Hirten und einer kleinen Stadt oben auf dem Berge. In Mitte der Landschaft war aber eine Felsenhöhle – da sah man das Kind Jesus – die heilige Mutter – den ehrwürdigen Joseph – die anbetenden Hirten, und oben schwebten die jubelnden Engel. Die ganze Landschaft flimmerte von einem wundersamen Glanze; sie war mit unzähligen, winzig kleinen Sternlein besät, so wie etwa Laub und Moos an Bäumen und Felsen schimmern, wenn sie an einem Frühlingsmorgen von reichlichem Taue tröpfeln.

Die Einwohner des Hauses waren um die schöne Vorstellung des Kindes Jesus in der Krippe versammelt. An einer Seite saß der Vater und hatte eine Harfe zwischen den Knien stehen; an der anderen Seite saß die Mutter mit dem kleinsten Kinde auf dem Schoße. Zwei liebliche Kinder, ein Knabe und ein Mädchen, standen zwischen den beiden Eltern, blickten andächtig zur Krippe des Heilandes hinauf und erhoben die Hände gleich den frommen Hirten,

Das Weihnachtslied (Fortsetzung)

die vor der Krippe knieten. Jetzt griff der Vater wieder in die Harfe, und die Mutter sang mit ihrer lieblichen Engelsstimme noch einmal das Lied, von dem Anton jene Worte gehört hatte. Die zwei Kinder sangen mit ihren zarten, hellen Stimmchen freudig mit, und der Vater begleitete den Gesang mit einer angenehmen Bassstimme und dem lieblichen Harfenspiel. Sie sangen:

Vor dir, du holdes
Himmelskind,
Dem Gottes Engel dienstbar
sind,
Fall' ich anbetend nieder –
Und freue mit Maria mich
Und preise mit den
Engeln dich
Und singe Jubellieder!

Du, du bist aller
Menschen Heil,
dich lieben ist der beste Teil,
Du Liebe ohnegleichen!
Zwar spricht noch deine
Lippe nicht,
Doch sagt dein mildes
Angesicht
Dem Armen wie dem
Reichen:

„O sei getrost in jeder Not,
Denn sieh, den liebsten
Sohn hat Gott
Zum Heiland dir gegeben!
Auf ihn vertrau, und fasse
Mut,
Was schlimm ist, macht
er wieder gut;
Er liebt dich wie sein
Leben."

„Und kommt ein armes Kind
in Not
Vor deine Tür, sag nicht:
Helf Gott!
Wollst seiner dich erbarmen!
Fühlst du für Gottes Liebe
Dank,
Lass liebreich es bei Speis
und Trank
An deinem Herd erwarmen."

Anton stand noch immer unter der geöffneten Türe und hielt die Türschnalle in der Hand und Hut und Stecken in der andern. Seine Augen waren beständig auf die schöne Vorstellung der Krippe gerichtet, und mit offenem Munde horchte er auf den Gesang und das Harfenspiel. Niemand bemerkte ihn. Jetzt fühlte aber die Mutter die Kälte, die durch die offene Stube drang, und blickte nach der Türe. „Lieber Gott", rief sie, „wie kommt das Kind in der finstern Nacht durch den dicken Wald hierher? Armer, armer Knabe – du hast dich gewiss verirrt!" – „Ach ja", sagte Anton, „ich habe mich im Walde verirrt!" Alle sahen jetzt nach der Tür. Die zwei Kinder hatten ein herziges Mitleid mit dem verirrten Knaben, blieben aber etwas scheu stehen, weil er ihnen fremd war. Die Mutter ging mit ihrem Kinde auf dem Arm zu ihm hin und fragte ihn freundlich: „Wo bist du denn her, lieber Kleiner, wie heißt du, und wer sind deine Eltern?" – „O du lieber Gott", sagte Anton mit Tränen in den blauen Augen, „ich habe gar keine Heimat mehr. Ich heiße Anton Kroner. Mein Vater ist im Kriege umgekommen, und meine Mutter ist den letzten Herbst in Jammer und Elend gestorben. Ich bin hier im Lande ganz fremd und irre in der Welt umher wie ein verlorenes Lämmlein." Er fing an zu erzählen, wie er eben jetzt im Walde in so großer Not gewesen, wie er aber da ihren Gesang gehört und so den Weg zu ihrem Hause gefunden habe. Er wollte weiterreden; allein die Stimme versagte ihm: Es fror ihn noch allzu sehr. In der warmen Stube fühlte er die Wirkungen der Kälte erst recht. Er zitterte vor Frost und klapperte mit den Zähnen. „Ach du armer Anton", sagte die Mutter, „du kannst ja vor Frost kaum mehr reden und müde und hungrig musst du auch sein. Leg dein Bündelein ab, und sitze nieder; ich will dir eine warme Suppe geben und was sonst noch von dem Nachtessen übrig ist."
Die zwei Kinder, Christian und Katharina, nahmen ihm nun voll Mitleid Hut und Stock und das Bündelein ab. Katharina legte das Bündelein auf die Bank; Christian legte den Hut oben darauf und lehnte den Stecken in eine Ecke. Hie-

Das Weihnachtslied (Fortsetzung)

rauf führen sie ihren kleinen Gast an den Tisch. Die Mutter brachte Suppe und ein großes Stück Festkuchen nebst gekochten Pflaumen. Sie setzte sich an die andere Seite des Tisches und lächelte freundlich, dass Anton es sich so gut schmecken ließ. Die Kinder aber teilten ihm reichlich von ihren Weihnachtsgeschenken mit – schöne rotwangige Äpfel, goldgelbe Birnen und große braune Nüsse. Sogar das kleine Lieschen auf dem Schoße der Mutter schenkte ihm, auf Zureden der Mutter, das schöne purpurrote Äpfelein, das es in den kleinen Händchen hielt und mit den zarten Fingerlein kaum umspannen konnte.

Die warme Suppe bekam dem erstarrten Anton sehr gut, und die liebliche Stubenwärme tat ihm nunmehr sehr wohl. Er ward wieder munter und fröhlich. „Aber was ihr da in der Ecke eurer Stube Schönes habt!“, fing er jetzt an. Er hatte schon unter dem Essen beständig nach der Krippe hinübergeblickt. „Das ist ja ein Frühling mitten im Winter!“, sagte er. „So etwas Wunderschönes hab' ich in meinem Leben noch nicht gesehen. Ich muss es doch näher betrachten.“ Er sprang hin, und die zwei Kinder folgten ihm.

„Weißt du aber auch, was das alles vorstellt?“, sagte Katharina. „Freilich weiß ich das“, sagte Anton, „es stellt die Geburt Jesu vor. Was das für ein schönes liebliches Kindlein ist! Sein

Das Weihnachtslied *(Fortsetzung)*

Angesicht ist so schön weiß und rot, wie Lilien und Rosen. Und was es für glänzende Äuglein hat, und wie freundlich es lächelt!" – „Das ist aber nicht das rechte Jesuskindlein!", sagte Katharina. „Jesus ist jetzt kein Kind mehr; er ist schon lange in den Himmel aufgefahren." – „Das weiß ich wohl", sagte Anton. „Meinst du denn, ich sei ein Heide? Es ist schon bald zweitausend Jahre, dass Jesus als Kind in der Krippe lag. Das alles hier ist nur so gemacht, damit wir Kinder uns alles besser vorstellen können. Das da oben ist, glaube ich, die Stadt Bethlehem? Nicht so?" Katharina nickte. „Siehst du nun", sagte Anton, „dass ich alles weiß! Ich bin nicht so dumm, als du meinst." Die Kinder lachten und machten nun Anton noch auf allerlei Kleinigkeiten aufmerksam, die ihm aber höchst wichtig vorkamen. „Sieh nur, Anton", sprach Christian, „wie da aus dem Felsen eine kleine Quelle, so klein wie ein Silberfädchen, hervorspringt und sich in den hellen See ergießt? Sieh, zwei weiße Schwäne mit schön gebogenen Hälsen schwimmen auf dem See und spiegeln sich in dem ruhigen, silberklaren Wasser." – „Dort", sagte Katharina, „kommt ein Hirtenmädchen den steilen Weg am Berg herab und trägt ein zugedecktes Körblein auf dem Kopf. Darin werden wohl Äpfel oder Eier sein, die sie zur Krippe trägt." – „Und sieh", sagte Christian, „dort schiebt einer auf seinem Schiebkarren einen Sack die hohe Bergschlucht hinauf. Was aber in dem Sacke ist, weiß ich nicht zu sagen." So unterhielten sich die Kinder höchst angenehm, und kein kleines, streifiges Schnecklein, das an dem Felsen klebte, und kein buntes Müschelein am Ufer des Sees blieb unbemerkt.

„Nun wohl", sagte Anton, „das ist alles sehr schön. Allein das Schönste ist doch die Abbildung des himmlischen Kindes! Das freut mich am meisten. Denn um jenes Kindes willen, das hier abgebildet ist, hat mich der himmlische Vater aus meiner großen Not errettet."

(Christoph von Schmid)

Knecht Ruprecht verschenkt die Zeit

Es war wieder einmal Weihnachtszeit und wie jedes Jahr hatte Sankt Nikolaus seine ganzen Helfer, die Engel und Knecht Ruprecht zusammengerufen in den großen Weihnachtssitzungssaal, denn jeder sollte Vorschläge machen, wie in diesem Jahr die Kinder am besten beschenkt werden könnten. Alle Helfer waren tagelang unterwegs gewesen, um zu sehen, wie die Wunschzettel der Kinder aussahen, alle hatten in den großen Geschäften geguckt, was in diesem Jahr Schönes für die Kinder angeboten wurde. Alle hatten sich etwas aufgeschrieben, um dem Nikolaus Bericht zu erstatten. Sankt Nikolaus saß auf seinem großen goldenen Stuhl und blickte über den Rand seiner Brille seine Engel und Helfer an.

„Nun", sagte er, „ich höre ja gar nichts!" – „Ich habe die längste Liste", rief ein Engel, stellte sich auf einen Stuhl und sagte: „Ich lese einfach mal vor." – „Na ja", nickte Sankt Nikolaus, „dann leg los." – „Also, die Kinder wünschen sich heute die tollsten Sachen, Puppen, die singen und laufen können, Puppenwagen in den schönsten Farben, Autos, Eisenbahnen, blitzende Fahrräder, Computerspiele, ja, Computerspiele sind natürlich sehr in." – „Oh, ja", rief es von allen

Seiten, „das ist heuer das Geschenk." – „Hmm ...", machte der Nikolaus, „das ist aber alles sehr teuer." – „Ja, ja", rief einer der Engel, „aber wir müssen schließlich mit der Zeit gehen." – „Ja, aber, fällt euch denn überhaupt nichts ein, was ein bisschen preiswerter ist?" – „Ha, ha", rief ein sehr vorwitziger Engel, „preiswert – sowas gibt es doch heute überhaupt nicht mehr." – „Nun mal langsam", mischte sich jetzt Knecht Ruprecht ein. Er hatte sich die ganze Zeit still verhalten, hatte nur ab und zu bedenklich mit dem Kopf geschüttelt. Alle schauten ihn erwartungsvoll an. „Also", sagte Sankt Nikolaus, „hast du vielleicht einen guten Vorschlag?" – „Na ja", murmelte Knecht Ruprecht, „ich würde gerne in diesem Jahr einmal alles anders machen." – „Wie, alles anders?", rief es von allen Seiten. „Jetzt lasst mich doch erst mal ausreden", sagte Knecht Ruprecht. „Nun mal raus mit der Sprache", sagte Sankt Nikolaus, „was willst du denn den Kindern eigentlich schenken?" – „Also", sagte Knecht Ruprecht, „ich würde ihnen gerne *Zeit* schenken." – *„Zeit? Zeit?"*, rief es von allen Seiten. „Ja, *Zeit*", sagte Knecht Ruprecht, „denn das ist etwas, was den meisten Menschen fehlt." – „Wie stellst du dir das vor?", rief einer der Engel. „Ich werde es einfach mal versuchen", beharrte Knecht Ruprecht, „ich werde den Menschen *Zeit* schenken." – „Na ja, das kannst du ja machen, aber ich schenke Computerspiele, dann bin ich wenigstens in", meinte einer der Engel.

„Also gut", sagte Sankt Nikolaus, „jeder holt seine Geschenke und dann wird es ja auch langsam Zeit, dass wir uns auf den Weg machen, um die Kinder zu beschenken." Alle Engel waren schwer beladen, als es hieß, nun gehe es los, die Kinder zu bescheren. Nur Knecht Ruprecht nicht, er hatte nicht viel zu tragen. Er hatte ein Buch mit schönen Weihnachtsgeschichten

Knecht Ruprecht verschenkt die Zeit (Fortsetzung)

in der Hand, Bastelpapier, eine Musikkassette mit Weihnachtsliedern und konnte alles in einer kleinen Aktentasche bequem tragen. Deswegen war er natürlich auch viel schneller als die Engel, die sehr schwer zu schleppen hatten.

In den Tagen vor Weihnachten war er der Erste, der bei den Kindern ankam. In den ersten Wohnungen, in die er eingelassen wurde, war er sich noch gar nicht so sicher, ob es wohl das Richtige war, was er da in der Tasche hatte, und als er den Kindern erzählte, dass er ihnen *Zeit* brachte, Bücher mit Weihnachtsgeschichten, Weihnachtslieder und Bastelpapier, da wurde er von einigen schon ein bisschen skeptisch angeguckt. Aber dann war er doch sehr überrascht, denn viele Mütter und Väter setzten sich mit ihren Kindern zusammen, schauten sich das Buch mit den schönen Weihnachtsgeschichten an und viele sagten: „Das ist eine gute Idee, wir schenken uns gegenseitig *Zeit*."

Da wurden Kerzen angezündet, alle versammelten sich um den Tisch, Mütter, Väter oder größere Geschwister lasen die Geschichten vor. Es wurde gebastelt und gesungen, alle machten so zufriedene Gesichter, dass Knecht Ruprecht leise aufstand und sich verabschiedete, um ins nächste Haus zu gehen.

Nun erreichte auch Sankt Nikolaus mit seinen schwer beladenen Engeln die ersten Wohnungen, um seine Geschenke zu bringen. Sie klingelten gleich beim ersten Haus, denn sie wussten, dass dort drei Kinder wohnten. Der Vater öffnete sehr ungehalten die Tür und sagte: „Was wollt ihr denn noch hier? Wir sind doch schon so reich beschenkt worden." – „Wieso?", fragte Sankt Nikolaus.
„Ja", sagte der Vater, „Knecht Ruprecht war schon hier. Er hat uns Zeit geschenkt." – „Na ja", murmelte Sankt Nikolaus, „dann versuchen wir es eben im nächsten Haus." Und einer seiner Engel ließ noch ein paar kleine Geschenke für die Kinder dort. Aber im nächsten Haus und in den folgenden Häusern ging es Sankt Nikolaus mit seinen Helfern nicht anders. Überall waren die Familien um den Tisch versammelt, lasen Geschichten vor, hörten Weihnachtsmusik und waren so recht zufrieden. Sankt Nikolaus und seine Engel wurden nur die kleinen Geschenke los, für die großen hatte niemand Interesse. „Dann war ja die Idee von Knecht Ruprecht doch nicht so schlecht", sagte einer der Engel. „Das machen wir jetzt immer so", meinte ein anderer Engel, „wir schicken Knecht Ruprecht vorneweg, lassen ihn *Zeit* verschenken, wir gehen hinterher und bringen noch ein paar kleine Geschenke, dann brauchen wir uns mit den großen Geschenken doch nicht mehr so abplagen."

„Und", sagte Sankt Nikolaus, „es ist alles nicht so teuer."
Als sie Knecht Ruprecht auf dem Rückweg wieder trafen, klopfte Sankt Nikolaus seinem Gesellen auf die Schulter und sagte: „Das hast du gut gemacht, das war ein preiswertes Weihnachten."
„Ja ...", schmunzelte Knecht Ruprecht, „*Zeit* kann man eben nicht kaufen!"

(Helga M. Mau)

Der Karpfen Jonathan

Ich schaue aus dem Fenster und da fällt mir die Geschichte von Jonathan dem Karpfen ein.
Eine Woche vor Weihnachten fing mein Mann einen Karpfen und brachte ihn in einem großen Eimer lebend mit nach Hause, um ihn in der Badewanne zu „wässern“. Das heißt, wenn ein Karpfen ein paar Tage in klarem Wasser gewässert wird, dann schmeckt er nicht mehr so modrig. Bis Weihnachten waren ja noch ein paar Tage Zeit, denn es stand fest, dieser Karpfen sollte unser Weihnachtsbraten werden.

Unter großem Staunen bezog der Karpfen in unserer kleinen Wohnung sein neues Zuhause in der Badewanne. Putzmunter zog er dort seine Kreise, die Kinder knieten pausenlos davor und jede Regung und Bewegung wurde begeistert registriert. Sehr schnell fanden die Kinder einen Namen für das Riesenvieh – Jonathan. So langsam freundete auch ich mich mit seinem nach Luft schnappenden Riesenmaul und seinen Glubschaugen an. Manchmal sah es sogar so aus, als ob er uns etwas sagen wollte. Aber wir verstanden die Karpfensprache nicht. Um niemandem die Freude zu verderben, beschlossen wir, dass Jonathan ein paar Tage in unserer Badewanne bleiben dürfe. Im Hinterkopf hatten wir natürlich den leckeren Weihnachtsbraten. Aber da hatten wir die Rechnung ohne unsere Kinder gemacht.
Je mehr Tage mit Jonathan vergingen, desto vertrauter wurden uns seine Planschereien. Jeder, der im Badezimmer – was auch immer – zu tun hatte, redete mit Jonathan. Am besten ging das, wenn man auf der Toilette saß.

Längst war vergessen, dass wir alle mal wieder eine Dusche oder ein Bad nötig gehabt hätten. Jonathan war ein sehr freundlicher Mitbewohner, er konnte so gut zuhören und er erzählte nichts weiter. Er gab keine Kommentare ab, er war einfach ein friedlicher Zeitgenosse.

Dann kam der Tag der Entscheidung: Jonathan sollte zum Weihnachtsfestessen geschlachtet werden. Tränen schon beim Frühstück, mein Mann und ich wurden als Mörder und unmenschlich bezeichnet. Keine Erklärung nutzte etwas, empörte Proteste wurden laut und überhaupt hing der Haussegen schief.

Eins war jedenfalls sicher, wir mussten doch einmal wieder baden und so war es ein unhaltbarer Zustand.
Nach endlosen Familiendebatten holte mein Mann entnervt einen großen Eimer und Jonathan wurde vorsichtig in sein Heimatgewässer zurückgebracht. Abschiedstränen – aber der Familienfrieden war wiederhergestellt. Mein Mann hat nie wieder Karpfen geangelt und wir alle haben nie wieder Karpfen gegessen.
Unsere Kinder erinnern sich noch heute mit Vergnügen an diese Geschichte. Und wenn er nicht von einem Angler gefangen wurde, dann schwimmt Jonathan noch heute in Baumeisters Mühlenkolg.

(Helga M. Mau)

Aufstand im Kinderzimmer

Familie Sommer saß am zweiten Advent mit den achtjährigen Zwillingen Judith und Jan am Frühstückstisch. Am Adventskranz brannten schon zwei Kerzen. Es war so recht gemütlich. Frau Sommer sah ihre Kinder an und fragte: „Na, Judith und Jan, habt ihr denn in diesem Jahr schon eure Wunschzettel geschrieben? Es ist ja schließlich in zwei Wochen Weihnachten.“ – „Ja“, sagte Jan, „ich brauche dringend so ein tolles Computerspiel, von der Firma Caputofix, meine Freunde haben schon alle eins. Das muss ich unbedingt zu Weihnachten kriegen.“ – „Und ich, ...“, piepste Judith dazwischen, „ich möchte gerne eine vollautomatische Puppenküche, so eine tolle, die wir im Schaufenster gesehen haben. Gestern in dem bunten Prospekt waren auch so schöne Sachen. Da würde mir einiges gefallen.“

„Langsam, langsam“, sagte die Mutter, „ich glaube, wir gehen erst mal in euer Kinderzimmer, ich meine, bevor euch auch nur ein Wunsch erfüllt wird, müsst ihr zuerst aufräumen. In eurem Zimmer ist ein furchtbares Durcheinander. Ich würde vorschlagen, wir sortieren mal eure Spielsachen, erneuern das eine oder andere und besorgen neue Batterien oder die Puppen bekommen neue Kleider. Müssen es denn immer so teure Wünsche sein? – Kommt mit, wir gehen in euer Zimmer, da bekommt man kein Bein mehr auf die Erde, so voll Spielsachen ist alles.“ Widerwillig gingen Judith und Jan mit ins Kinderzimmer. Hier herrschte das absolute Chaos! „Pah ...“, machte Jan. „Sonntags aufräumen, ich hab keinen Bock, ich will fernsehen!“ – „Auch kein Bock!“, echote Judith. – Aber sie war ein bisschen einsichtiger als ihr Bruder und lenkte ein. „Na ja, Mama“, sagte sie, „vielleicht ist das gar keine so schlechte Idee, wenn zu Weihnachten alle Spielsachen ein bisschen erneuert werden. Meine Puppe Lena braucht dringend ein neues Kleid und die Susi hat auch keine volle Batterie mehr.“ – „Na, wir werden mal sehen, was sich machen lässt, wenn Papa und ich nächste Woche beim Christkind vorbeischauen und euren Wunschzettel abgeben“, zwinkerte die Mutter Judith zu. Jan hörte schon nur noch mit halbem Ohr hin: „Aber vergiss nicht, dass auf dem Wunschzettel dieses Computerspiel steht, ich muss es unbedingt haben!“

Aufstand im Kinderzimmer (Fortsetzung)

So war das am Sonntagmorgen, dem zweiten Advent, bei der Familie Sommer. Nachdem sich die Wogen wieder geglättet und alle das Kinderzimmer verlassen hatten, hopste der Teddybär Brummi von Jans Bett herunter. Eins von seinen Plüschbeinen war schon etwas locker und deswegen musste er humpeln. Wütend hinkte er im Kinderzimmer hin und her: „Pst, pst ..., kommt mal alle raus, kommt mal alle raus!", rief er. In allen Ecken rumorte es und langsam krochen alle hervor. Da kam die Puppe Lena mit ihrem schmuddeligen Kleid, Puppe Susi schleppte sich bis in die Mitte des Zimmers. Ihre Batterie machte nur noch „Jüm, jüm, jüm". Die Lokomotive von Jans Eisenbahn macht auch nur noch „Tuuuf – tuuuf – tuuuf". Die Batterie vom fernlenkbaren Auto war auch schon mächtig schwach. „Ssss – ssss – ssss", so kam es ganz langsam an.

„Was ist los?", rief es von allen Seiten. „Habt ihr das gehört?", rief der Teddy erbost. „Ja, ja", winkte die Puppe Lena ab, „das kennen wir ja schon, jedes Weihnachten das Gleiche, immer kommen neue Geschenke dazu, und wir werden in die Ecke geschmissen." Da sprang der bunte Clown Fifikus in die Mitte des Zimmers. „Ha", rief er, „ich habe eine Idee, wir hauen einfach ab."

„Ja!", jubelte die Lokomotive, „ich aktiviere noch mal meine Batterien und dann fahren wir los, auf meinen Anhängern habt ihr alle Platz. Wir fahren hinaus in die weite Welt und suchen uns Kinder, die sich trotzdem über uns freuen und mit uns spielen, obwohl wir nicht mehr so schön und neu sind." Nun redeten alle aufgeregt durcheinander, alle waren plötzlich sehr munter. Das große Abenteuer konnte beginnen.

Die Lokomotive machte eine Runde durchs Kinderzimmer, alle Spielsachen stiegen ein und los ging's. Auf einen Sonnenstrahl durchs offene Kinderzimmerfenster und draußen waren sie. Die Lokomotive holte noch einmal alles aus ihren Batterien heraus und „Tuff, tuff, tuff" ging es durch die weihnachtliche Stadt. Aber so sehr sie auch suchten, sie fanden keine Kinder, die sie überhaupt beachteten. Viele Erwachsene hasteten schwer bepackt vorbei, viele Kinder sahen sie, aber alle hatten nur Augen für die hell erleuchteten Schaufenster, in denen die funkelna-

Aufstand im Kinderzimmer (Fortsetzung)

gelneuen Spielsachen standen.
Die Batterien von der Lokomotive wurden immer schwächer und „Tuuf, tuuf, tuuuf“ fuhr sie immer langsamer und blieb schließlich an einer Bank stehen, auf der eine Frau traurig und erschöpft saß. Der bunte Clown Fifikus sprang vom Zug und sagte: „Guten Tag, darf ich vorstellen, dies sind meine Freunde, in die Ecke geschmissene, alte Spielsachen. Wir sind auf der Suche nach Kindern, die uns so mögen wie wir sind.“ – „Ach“, sagte die Frau, „das trifft sich sehr gut. Ich wohne in einem Haus am Stadtrand, dort sind viele Familien mit vielen Kindern untergebracht. Die haben sehr wenig Geld. Ich glaube sie würden sich sehr freuen, wenn unter ihrem kleinen Weihnachtsbaum so wunderschöne Spielsachen liegen würden.“ – „Tja“, seufzte Brummi, der Teddy, „das ist es ja eben, wir sind alle nicht mehr so ganz neu“, und er zeigte auf sein lockeres Bein. „Alles halb so schlimm“, sagte die Frau und nun ging ein fröhliches Strahlen über ihr Gesicht. „Ihr kommt jetzt alle mit und dann werden wir mal sehen, wie wir euch bis Weihnachten wieder hübsch machen.“ Das ließen sich die Spielsachen nicht zweimal sagen und „Tuuuf, tuuf, tuuuf“ fuhren sie mit der Frau mit.

Tagelang wurden nun alle Spielsachen erneuert, alle bekamen frische Batterien, die Puppen bekamen neue Kleider. Alle Spielsachen glänzten wieder fast wie neu. – Endlich kam der Heilige Abend, alle Spielsachen waren sehr aufgeregt. Sie bauten sich unter dem Weihnachtsbaum auf und warteten sehr geduldig auf die Kinder. Da wurde zuerst in vielen Sprachen „Stille Nacht, Heilige Nacht“ gesungen. Die Augen der Kinder glänzten mit den Kerzen um die Wette. Für jedes Kind war ein schönes Spielzeug unter dem Weihnachtsbaum und alle waren sehr zufrieden
In der Nacht, als dann die Kinder schliefen, trafen sich die Spielsachen noch einmal unter dem Weihnachtsbaum. Der Teddy Brummi war völlig erschöpft, so sehr war er lange nicht mehr gedrückt worden. Die Puppe Susi sang immer noch leise vor sich hin, Lena drehte sich in ihrem schönen Kleid. Sie fassten sich bei den Händen und alle tanzten um den Weihnachtsbaum. Alle waren lange nicht so glücklich gewesen.

(Helga M. Mau)

WEIHNACHTSLIEDER

Alle Jahre wieder

2. Kehrt mit seinem Segen
ein in jedes Haus,
geht auf allen Wegen
mit uns ein und aus.

3. Steht auch mir zur Seite
still und unerkannt,
dass es treu mich leite
an der lieben Hand.

Am Weihnachtsbaum

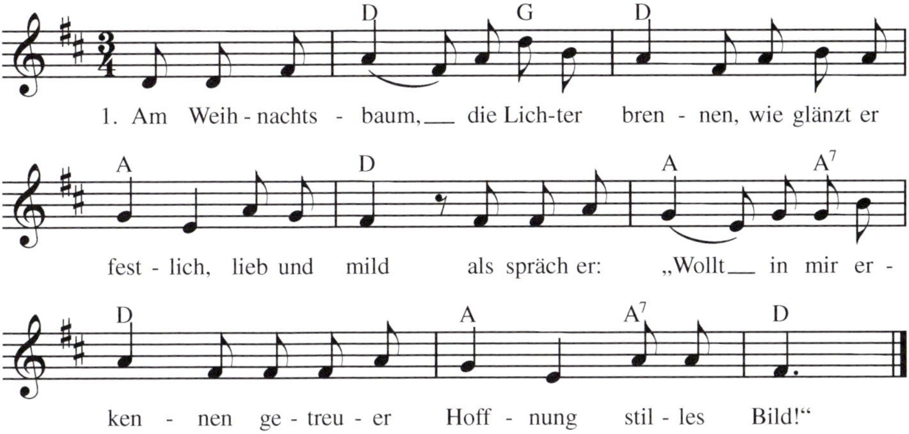

2. Die Kinder stehn mit
hellen Blicken,
das Auge lacht, es lacht
das Herz;
o fröhlich seliges
Entzücken!
Die Alten schauen
himmelwärts.

3. Zwei Engel sind
hereingetreten,
kein Auge hat sie
kommen sehn;
sie gehen zum Weih-
nachtstisch und beten
und wenden wieder sich
und gehen.

4. Kein Ohr hat ihren
Spruch vernommen;
unsichtbar jedes
Menschen Blick
sind sie gegangen wie
gekommen;
doch Gottes Segen blieb
zurück!

Es ist ein Ros entsprungen

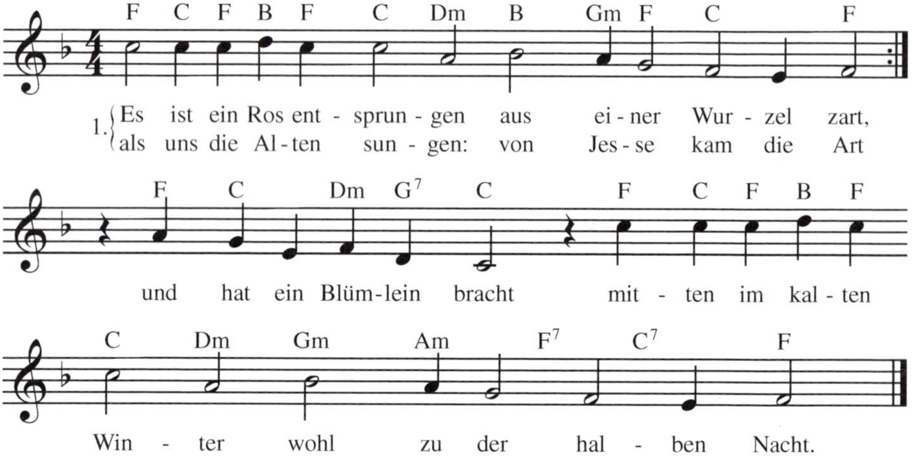

2. Das Röslein, das ich meine,
davon Jesaias sagt,
ist Maria die reine,
die uns das Blümlein bracht.
Aus Gottes ewgem Rat
hat sie ein Kind geboren
und blieb ein reine Magd.

3. Das Blümelein so kleine
das duftet uns so süß;
mit seinem hellen Scheine
vertreibst die Finsternis:
wahr' Mensch und wahrer Gott,
hilft uns aus allem Leide,
rettet von Sünd und Tod.

Es ist für uns eine Zeit angekommen

2. Es schlafen Bächlein und
Seen unterm Eise,
es träumt der Wald einen
tiefen Traum.
Durch den Schnee,
der leise fällt,
wandern wir durch die
weite, weiße Welt.

3. Vom hohen Himmel ein
Leuchtendes Schweigen
erfüllt die Herzen mit
Seligkeit.
Unterm sternbeglänzten
Zelt
wandern wir durch die
weite, weiße Welt.

Ihr Kinderlein, kommet

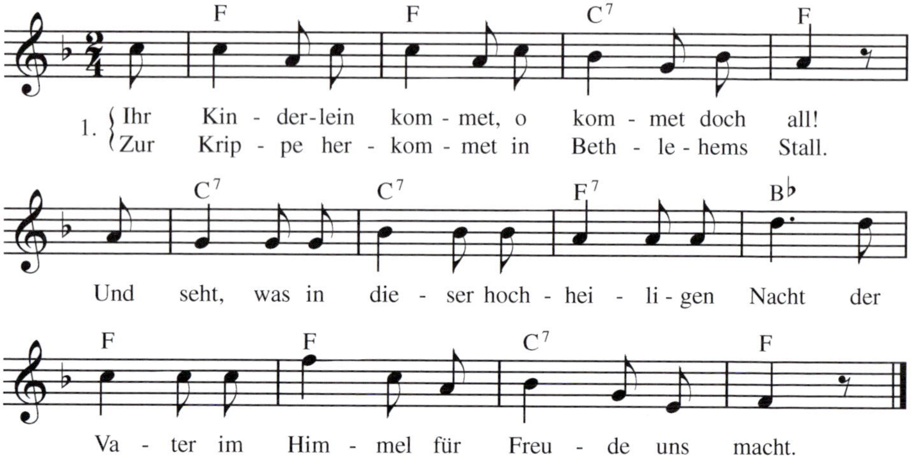

2. O seht in der Krippe im
nächtlichen Stall,
seht hier bei des Lichtleins
hellglänzendem Strahl
in reichlichen Windeln das
himmlische Kind,
viel schöner und holder, als
Engel es sind.

3. Da liegt es, das Kindlein,
auf Heu und auf Stroh;
Maria und Joseph
betrachten es froh.
Die redlichen Hirten knien
betend davor;
hoch oben schwebt jubelnd
der Engelein Chor.

Kling, Glöckchen, klingelingeling

2. Kling, Glöckchen, ...
Mädchen, hört, und Bübchen,
macht mir auf das Stübchen,
bring euch viele Gaben,
sollt euch dran erlaben.
Kling, Glöckchen, ...

3. Kling, Glöckchen, ...
Hell erglüh'n die Kerzen,
öffnet mir die Herzen,
will drin wohnen fröhlich,
frommes Kind, wie selig.
Kling, Glöckchen, ...

Kommet, ihr Hirten

2. Lasset uns sehen in
Bethlehems Stall,
was uns verheißen der
himmlische Schall.
Was wir dort finden,
lasset uns künden,
lasset uns preisen in
frommen Weisen:
Halleluja.

3. Wahrlich, die Engel
verkündigen heut
Bethlehems Hirtenvolk
gar große Freud.
Nun soll es werden
Friede auf Erden,
den Menschen allen ein
Wohlgefallen:
Ehre sei Gott.

Lasst uns froh und munter sein

2. Dann stell' ich den
Teller auf,
Nikolaus legt gewiss
was drauf.
Lustig, lustig ...

3. Wenn ich schlaf, dann
träume ich,
jetzt bringt Nikolaus
was für mich.
Lustig, lustig ...

4. Wenn ich aufgestanden
bin,
lauf ich schnell zum Tel-
ler hin.
Lustig, lustig ...

5. Nikolaus ist ein guter
Mann,
dem man nicht genug
danken kann.
Lustig, lustig ...

Leise rieselt der Schnee

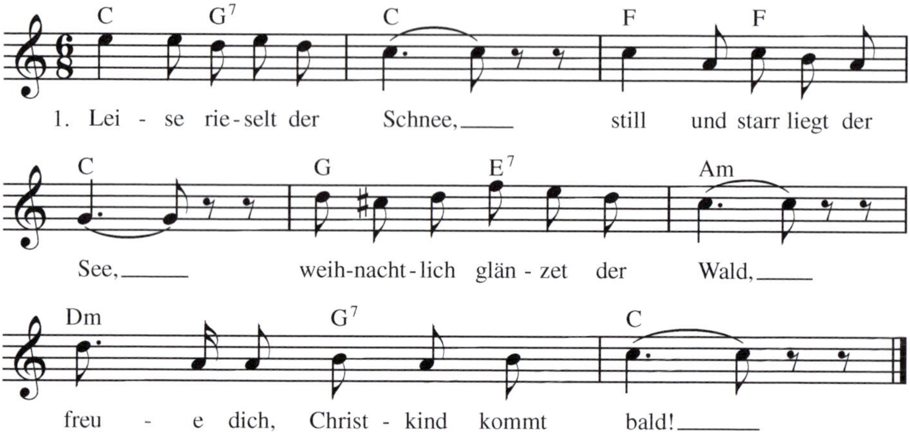

2. In den Herzen ist's warm,
still schweigt Kummer und
Harm
Sorge des Lebens verhallt,
freue dich, Christkind
kommt bald!

3. Bald ist heilige Nacht,
Chor der Engel erwacht,
hört nur, wie lieblich es
schallt:
Freue dich, Christkind
kommt bald.

Macht hoch die Tür

2. Er ist gerecht, ein
Helfer wert;
Sanftmütigkeit ist sein
Gefährt,
sein Königskron ist Hei-
ligkeit,
sein Zepter ist Barmher-
zigkeit;
all unser Not zum End
er bringt,
derhalben jauchzt, mit
Freuden singt:
Gelobet sei mein Gott,
mein Heiland groß von
Tat.

Macht hoch die Tür (Fortsetzung)

3. O wohl dem Land, o wohl
der Stadt,
so diesen König bei sich
hat.
Wohl allen Herzen
insgemein,
da dieser König ziehet ein.
Er ist die rechte
Freudensonn,
bringt mit sich lauter Freud
und Wonn.
Gelobet sei mein Gott,
mein Tröster früh und spat.

Maria durch ein' Dornwald ging

2. Was trug Maria unter
   ihrem Herzen?
   Kyrie eleison!
   Ein kleines Kindlein
   ohne Schmerzen,
   das trug Maria unter
   ihrem Herzen.
   Jesus und Maria!

3. Da haben die Dornen
   Rosen getragen.
   Kyrie eleison!
   Als das Kindlein durch
   den Wald getragen,
   da haben die Dornen
   Rosen getragen.
   Jesus und Maria!

Morgen, Kinder, wird's was geben

2. Wie wird dann die Stube
   glänzen
   von der großen Lichterzahl!
   Schöner als bei frohen
   Tänzen
   ein geputzter Kronensaal.
   Wisst ihr noch, wie vor'ges
   Jahr
   es am Heiligen Abend war?

3. Wisst ihr noch mein
   Räderpferdchen,
   Malchens nette Schäferin,
   Jettchens Küche mit dem
   Herdchen
   und dem blankgeputzten
   Zinn?
   Heinrichs bunten Harlekin
   mit der gelben Violin?

Morgen kommt der Weihnachtsmann

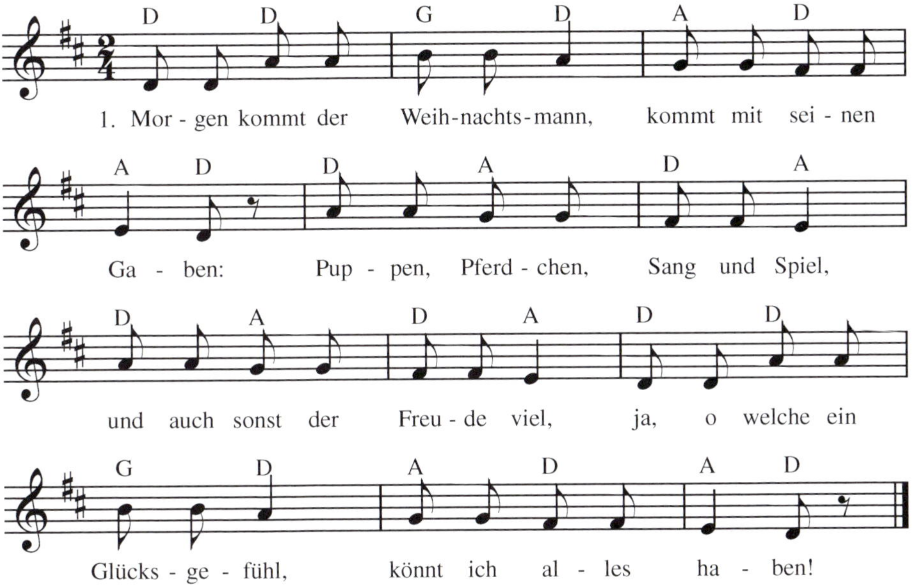

2. Bring uns, lieber
Weihnachtsmann,
bring auch morgen,
bringe:
Musketier und Grenadier,
Zottelbär und
Panthertier,
Ross und Esel, Schaf
und Stier,
lauter schöne Dinge!

3. Doch du weißt ja unsern
Wunsch,
kennst ja unsre Herzen!
Kinder, Vater und Mama,
auch sogar der
Großpapa,
alle, alle sind wir da,
warten dein mit
Schmerzen.

O du fröhliche, o du selige

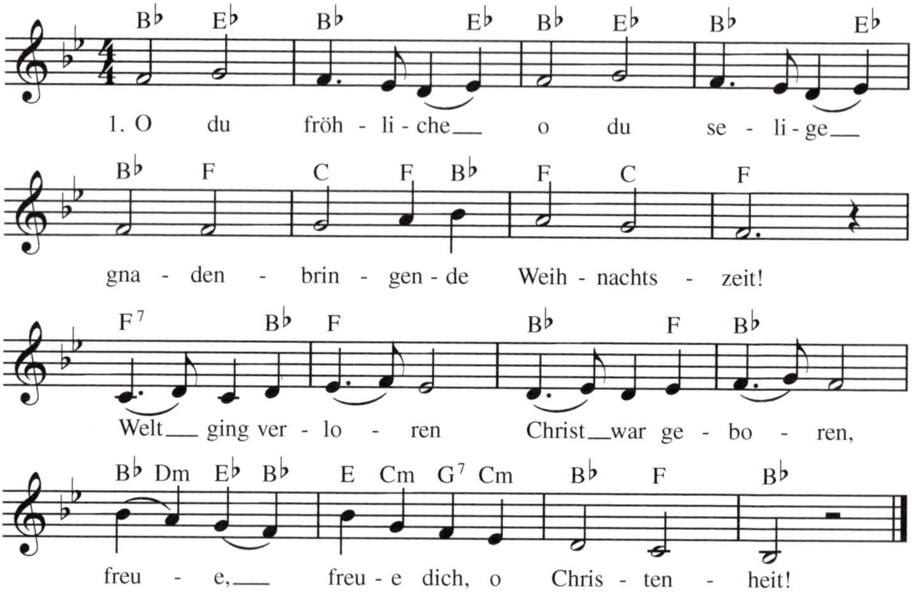

2. O du fröhliche, o du
   selige,
   gnadenbringende Weih-
   nachtszeit!
   Christ ist erschienen,
   uns zu versühnen;
   freue, freue dich, o
   Christenheit.

3. O du fröhliche, o du
   selige,
   gnadenbringende
   Weihnachtszeit!
   Himmlische Heere
   jauchzen dir Ehre.
   Freue, freue dich, o
   Christenheit!

O Tannenbaum, o Tannenbaum

2. O Tannenbaum,
o Tannenbaum,
du kannst mir sehr gefallen.
Wie oft hat nicht zur Weihnachtszeit
ein Baum von dir mich hocherfreut.
O Tannenbaum,
o Tannenbaum,
du kannst mir sehr gefallen.

3. O Tannenbaum,
o Tannenbaum,
dein Kleid will mich was lehren:
Die Hoffnung und Beständigkeit
gibt Trost und Kraft zu jeder Zeit.
O Tannenbaum,
o Tannenbaum
dein Kleid will mich was lehren.

Schneeflöckchen, Weißröckchen

2. Komm, setz dich ans
Fenster,
du lieblicher Stern,
malst Blumen und
Blätter,
wir haben dich gern.

3. Schneeflöckchen,
du deckst uns
die Blümelein zu,
dann schlafen sie sicher
in himmlischer Ruh.

4. Schneeflöckchen,
Weißröckchen,
komm zu uns ins Tal,
dann baun wir den
Schneemann
und werfen den Ball.

Stille Nacht, heilige Nacht

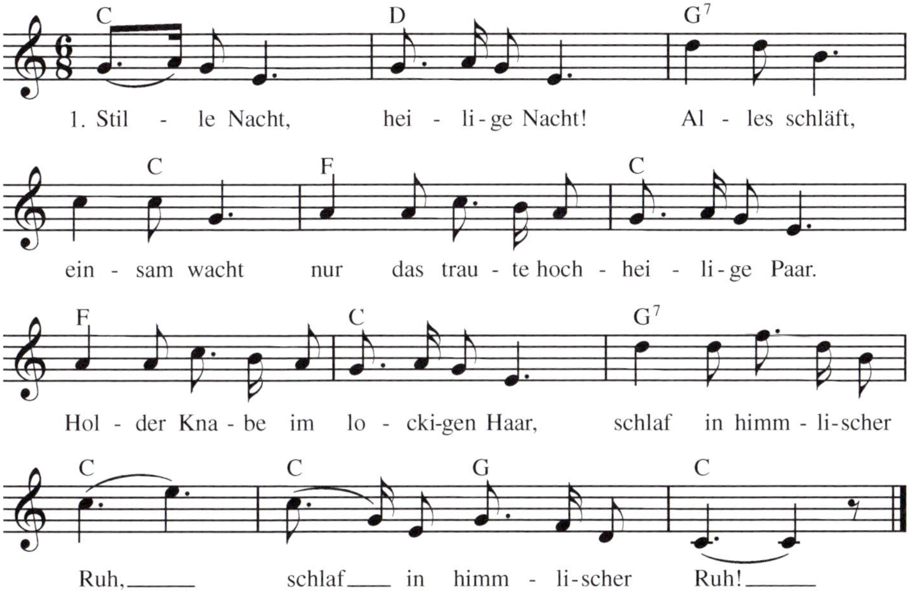

2. Stille Nacht, heilige Nacht!
   Hirten erst kundgemacht;
   durch der Engel Halleluja
   tönt es laut von fern und nah:
   |: Christ der Retter ist da.:|

3. Stille Nacht, heilige Nacht!
   Gottes Sohn, o wie lacht
   Lieb aus deinem göttlichen Mund
   da uns schlägt die rettende Stund,
   |: Christ, in deiner Geburt.:|

Still, still, still

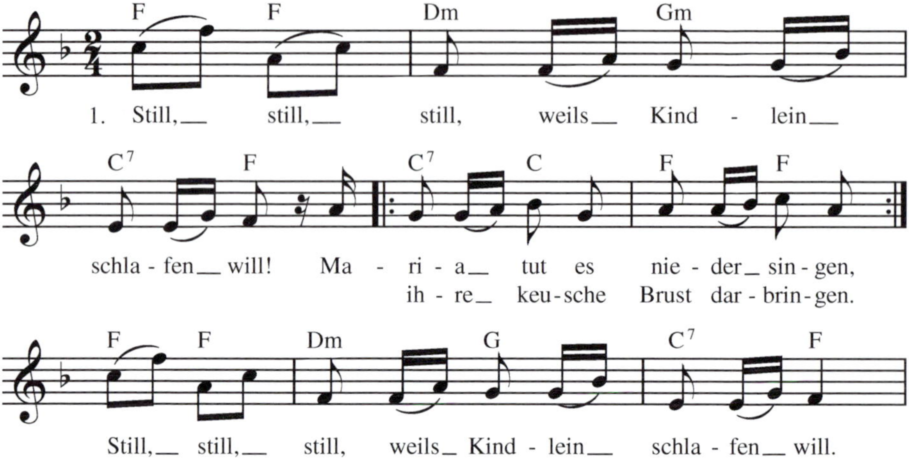

2. Schlaf, schlaf, schlaf
mein liebes Kindlein
schlaf!
Die Engel tun schön
musizieren,
vor dem Kindlein
jubilieren.
Schlaf, schlaf, schlaf,
mein liebes
Kindlein schlaf!

3. Groß, groß, groß,
die Lieb ist übergroß.
Gott hat den
Himmelsthron verlassen
und muß reisen auf
der Straßen.
Groß, groß, groß,
die Lieb ist übergroß.

Süßer die Glocken nie klingen

2. Oh, wenn die Glocken
erklingen,
schnell sie das
Christkindlein hört,
tut sich vom Himmel
dann schwingen,
eilet hernieder zur Erd,
|: segnet den Vater, die
Mutter, das Kind:|
Glocken mit heiligem
Klang,
klingt doch die Erde
entlang!

Süßer die Glocken nie klingen (Fortsetzung)

3. Klinget mit lieblichem
Schalle
über die Meere noch
weit,
dass sich erfreuen doch
alle
seliger Weihnachtszeit!
|: Alle dann jauchzen
mit frohem Gesang:|
Glocken mit heiligem
Klang,
klinget die Erde
entlang!

Vom Himmel hoch, da komm ich her

2. Euch ist ein Kindlein
heut geborn
von einer Jungfrau
auserkorn,
ein Kindelein so zart
und fein,
das soll euer Freud und
Wonne sein.

3. Es ist der Herr Christ,
unser Gott,
der will euch führn aus
aller Not;
er will euer Heiland
selber sein,
von allen Sünden
machen rein.

Vom Himmel hoch, da komm ich her (Fortsetzung)

4. Er bringt euch alle
   Seligkeit,
   die Gott der Vater hat
   bereit',
   dass ihr mit uns im Him-
   melreich
   sollt leben nun und
   ewiglich.

5. Lob, Ehr sei Gott im
   höchsten Thron,
   der uns schenkt seinen
   einigen Sohn;
   des freuen sich der
   Engel Schar
   und singen uns solch
   neues Jahr.

Sachregister

Gedichte

Geschichten

Lieder

Text- und Bildquellen

Titelabbildung: iStockphoto.com/MKucova
Inhalt: Ivana De Battisti: 24; Jeffrey van Bijleveld: 47; Henning Buchholz: 21; CMA Butter: U2 (2); djd deutsche journalisten dienste: djd/RatGeberZentrale: 22; Carl Dwyer: 58; Sibylle Eberhard: 37; Per Hardestam: 26; Lotus Head: 40; Adam Hoffmann: 53; Ideal Home Range (IHR): 13, 14 (links unten), 15, 19, 20, 23, 25, 27, 30, 34, 36, 39, 41, 42, 43, 44, 46, 47, 48, 49, 51, 52, 54, 55, 56, 60, 64, 65, 66, 67, 68, 69, 70; ifa Bilderteam: 5, 11; Dieter Joel Jagnow: 18; Alfred Lee: 50; Linda Long: 32; Arthur Lucena: 38; Laura Mae Luett: 31; Mauritius GmbH Bildagentur: 2/3, 71; Tulay Palaz: 28; Josh Peltier: 17; Chris Potter: 33, 59; Christopher Rayan: 61; Robina: 16; Paul Scott: 57; Sabine Simon: 63; Sophia Tsibikaki: 29; Crissy Watkins: 14 (rechts oben); www.sisterdew.nl: 45; Vlado Zestan: 35

Die Illustrationen für Einleitung und Liederteil stammen von Wenzel Fieger, der sie im Jahre 1891 für eine Papierkrippe gemalt hat. Die Krippe steht heute im Bayerischen Nationalmuseum in München.

Impressum

Baierbrunner Straße 27, 81379 München

Text: Beate Martin (S. 4–12)
Chefredaktion: Dr. Matthias Feldbaum
Redaktion: Lea Schmid
Produktion: Frank Speicher
Umschlaggestaltung: h3a GmbH, München

ISBN 978-3-8174-6791-4
381746791/6

www.compactverlag.de